BARBARA BERCKHAN

Einfach selbstsicher!

Das Soforthilfe-Programm für mehr Gelassenheit und Souveränität

Inhalt

DIE KUNST, SELBSTSICHER AUFZUTRETEN

SELBSTSICHER MIT ANDEREN MENSCHEN SPRECHEN

SOUVERÄN BLEIBEN, AUCH WENN ES SCHWIERIG WIRD

1
2
3
4

4 KONFLIKTE FAIR AUSTRAGEN

Vorwort

Ab jetzt fehlt sie Ihnen nie mehr – die Selbstsicherheit. Denn dieses Buch zeigt Ihnen, wie Sie selbstbewusst Ihren Weg gehen. Doch was bedeutet das eigentlich: selbstsicher und selbstbewusst? Gemeint ist sowohl das innere Selbstwertgefühl als auch die Fähigkeit, sich im Gespräch mit anderen Menschen durchzusetzen.

Um insgesamt Ihr Selbstbewusstsein zu stärken und den Mut zu trainieren, für sich und Ihre Belange einzustehen, ist es am besten, das Buch von vorn bis hinten chronologisch durchzugehen. Wenn Sie der Mut immer in bestimmten Situationen verlässt oder Sie das Feedback bekommen, dass es an einzelnen Punkten Ihrer Gesprächsführung oder Körpersprache hapert, können Sie auch einfach zu genau dem Thema im Buch springen, das am besten zu Ihrer Situation passt.

Beim Lesen und Umsetzen der Strategien und Tipps wünsche ich Ihnen viel Spaß und Erfolg.

Ihre Barbara Berckhan

Die Kunst, selbstsicher aufzutreten

1

→ Wie heißt es so schön: Für den ersten Eindruck gibt es keine zweite Chance. Zeigen Sie sich deshalb von Anfang an selbstsicher und würdevoll. So sorgen Sie dafür, dass Ihr Gesprächspartner Sie ernst nimmt und respektvoll behandelt. Was immer Sie auch sagen: Ihre Worte wirken kraftvoller, wenn sie von Ihrer ganzen Selbstsicherheit unterstrichen werden.

Kleine Signale, große Verräter – Ihre Körpersprache

Niemand entkommt ihm – dem prüfenden Blick der Mitmenschen. Wir sehen einander an und sehen sofort, in welcher Verfassung der andere ist. Wir erkennen schon am Gang, ob jemand bedrückt vor sich hin schlurft oder schwungvoll-entschlossen auf uns zukommt. Wir merken sofort, ob unser Nachbar oder Kollege wütend auf uns zustürmt oder ob er sich freut, uns zu sehen. All das macht uns schon seit der Steinzeit blitzartig die Körpersprache des anderen klar, ohne dass wir einen Ton hören oder groß darüber nachdenken müssen.

Und auch IHRE Körpersprache verrät fast alles über Sie. Noch bevor Sie ein Wort sagen, kann Ihnen jeder ansehen, wie selbstsicher Sie sind. Durch Ihre Haltung, Ihre Gesten und durch Ihre Mimik zeigen Sie Ihren Mitmenschen, wie nervös oder wie ruhig Sie sind. Und auch – gerade im Berufsleben fatal –, ob Sie sich Ihrer Sache sicher sind oder noch Zweifel haben!

Warum ist Körpersprache so wichtig?

Stehen Sie aufrecht oder eher gebückt? Haben Sie einen festen, federnden Schritt, schleichen Sie um die Ecken oder poltern Sie gar einher, um eine Unsicherheit zu überspielen? Unsere Gestik zeigt, ob wir nervös sind, uns eingeschüchtert fühlen oder – ganz im Gegenteil – ob wir locker und entspannt sind. Bevor wir ein Wort sagen, spricht unsere Körpersprache bereits Bände.

Doch was gehört alles zur Körpersprache?

- Die Körperhaltung, insbesondere die Haltung des Rückens,
- die Haltung der Schultern und des Kopfes,
- die Haltung und Bewegung der Arme und Beine,
- der Gang, das Schritttempo und die Schrittgröße,
- die Bewegungen der Hände,
- der Gesichtsausdruck und die Mimik,
- die Blickrichtung und der Blickkontakt.

Wahrscheinlich ist Ihnen, wie den meisten Menschen, Ihre Körpersprache gar nicht bewusst. Unsere Körpersprache besteht zu einem großen Teil aus Angewohnheiten, die wir im Alltag nicht bemerken. Wer achtet schon auf kleine verräterische Gesten, die wir schon seit Jahren oder Jahrzehnten in Gesprächssituationen automatisch vollziehen? Vielleicht neigen Sie dazu, beim Sprechen nervös an Ihrer Halskette herumzuspielen oder ständig mit dem Fuß zu wippen? Das sind nur kleine Angewohnheiten, die aber auf Ihren Gesprächspartner eine große Wirkung haben, denn unsere Mitmenschen registrieren sie mit feinen Antennen: Das unruhige Fußwippen, das nervöse Herumspielen am Schmuck zeigen, dass Sie eigentlich unsicher sind. Dabei ist es wirklich völlig egal, was Sie sagen: Mit diesen Gesten wirken Sie einfach nicht überzeugend!

Denken Sie deshalb daran, dass Sie sich von Kopf bis Fuß auf Selbstsicherheit einstellen, bevor Sie ein Gespräch beginnen. Mit wem Sie auch reden, was Sie auch mitteilen wollen, Ihre Körpersprache darf nicht gegen Sie arbeiten! Es ist wichtig, dass Sie auch ohne Worte ausdrücken, was Sie mit Worten sagen wollen. Auf Ihren Gesprächspartner wirken Sie sonst trotz perfekter Argumente oder inhaltlich fundierter Ansichten unsicher, möglicherweise auch inkompetent.

Es gibt sogar Situationen, in denen Sie ohne ein selbstsicheres Auftreten schlicht verloren sind. Und zwar immer dann, wenn Sie sich durchsetzen wollen. Mit einer aufrechten Haltung zeigen Sie deutlich, dass Sie sich nicht kleinmachen, sondern dass Sie wichtig sind. Mit einer ruhigen, würdevollen Ausstrahlung signalisieren Sie, dass Sie respektvoll behandelt werden wollen.

Also, kommen Sie Ihren Signalen auf die Schliche. Hören Sie auf, nervös an Ihrer Kleidung oder am Schmuck (sehr beliebt bei Männern: den Ehering herumdrehen) herumzufummeln. Verschränken Sie nicht schützend Arme und Beine, wenn Sie ganz offen mit jemandem reden.

Die bewusste Entscheidung, selbstsicher aufzutreten

Zum Glück können Sie Ihre Körpersprache so einstellen, dass Sie mehr Selbstsicherheit ausstrahlen (→ Seite 10ff.). Dazu gehört, dass Sie sich bewusst machen, wie Sie normalerweise stehen, sitzen oder gehen, und dass Sie Ihre Angewohnheiten und Schwachpunkte erkennen. Denn vermutlich geht es Ihnen wie den meisten Menschen, und Ihnen ist gar nicht bewusst, ob Sie einen selbstsicheren Eindruck machen oder nicht. In diesem Kapitel erfahren Sie auch, was Sie in puncto Blickkontakt und Distanzzone gezielt für Ihre Selbstsicherheit tun können. Eines kann ich Ihnen jetzt schon verraten: Sich von Kopf bis Fuß auf Selbstsicherheit einzustellen, geht schnell und ist viel einfacher, als Sie glauben.

Wenn die Körpersprache nicht zu den Worten passt

Wir alle registrieren ständig die Körpersprache unserer Mitmenschen. Die meiste Zeit läuft das vollkommen unbewusst ab. Wir achten erst bewusst auf die Körpersprache unseres Gegenübers, wenn wir versuchen, den anderen richtig einzuschätzen.

Stellen Sie sich Folgendes vor: Sie finden ein zerbrochenes Glas auf dem Küchenfußboden und Ihr Kind steht vor den Scherben. Sie fragen:

»Hast du das Glas fallen lassen?« Und Ihr Kind antwortet: »Nein, ich hab das nicht kaputt gemacht. Ich war das nicht! Ehrlich!« Um herauszufinden, was wirklich passiert ist, hören Sie wahrscheinlich nicht nur auf das, was Ihr Kind sagt, sondern Sie achten auch auf seine Körpersprache. Nehmen wir einmal an, Ihr Kind windet sich mit dem Oberkörper hin und her und schaut dabei auf den Boden, während es beteuert, das Glas nicht zerbrochen zu haben. Die Worte sagen zwar »Ich war das nicht!«, aber die Körpersprache sagt etwas anderes. Dort erkennen Sie Verlegenheit, vielleicht auch Schuldgefühle. Wahrscheinlich werden Sie misstrauisch – denn instinktiv glauben wir der Körpersprache mehr als dem gesprochenen Wort.

Wenn Sie selbstsicher auftreten wollen, darf Ihre Körpersprache nicht etwas anderes ausdrücken als das, was Sie erreichen wollen. Wenn Sie beispielsweise Lust haben, jemanden kennenzulernen, ist es wichtig, dass Ihre Körpersprache Offenheit signalisiert. Und wenn Sie sich in einem Gespräch durchsetzen möchten, brauchen Sie eine aufrechte Haltung und einen klaren Blickkontakt. Passt Ihre Körpersprache nicht zu Ihren Worten, dann ist das so, als würden Sie sich beim Gehen selbst ein Bein stellen. Sie laufen Gefahr, dass Ihr Gegenüber Sie nicht ernst nimmt.

Wissen Sie, wie Sie wirken?

Leider achten wir im Alltag meist nicht auf unsere Gestik und unsere Haltung. Und deshalb wissen wir auch nicht, welche Signale wir aussenden, während wir mit anderen Menschen sprechen. Der größte Teil unserer Körpersprache ist nämlich reine Gewohnheit. Wir haben es uns im Laufe der Zeit einfach angewöhnt, auf diese Art zu sitzen, genau solche Gesten zu machen, so zu gehen – wie es eben für uns typisch ist. Und weil es sich um eine Angewohnheit handelt, ist es uns auch nicht bewusst.

Erfahrungsbericht

Achtung, Körpersprache!

Connie hatte bereits sehr viele Bewerbungsgespräche hinter sich gebracht, aber immer noch keinen festen Job gefunden. Aufgrund ihrer hervorragenden Zeugnisse wurde sie fast immer zu einem Bewerbungsgespräch eingeladen. Ihrer Meinung nach liefen die Gespräche ganz gut. Aber sie konnte nicht verstehen, warum sie jedes Mal abgelehnt wurde.

Ich bat Connie, mir in einem Rollenspiel zu zeigen, wie so ein Bewerbungsgespräch typischerweise ablief. Ich spielte dabei den Personalchef, und sie tat so, als würde sie sich bei mir vorstellen. Das Ganze wurde mit einer Videokamera aufgenommen. Während wir miteinander sprachen, saß sie die ganze Zeit weit zurückgelehnt auf dem Stuhl, die Arme vor der Brust verschränkt. Sie hatte die Beine übereinandergeschlagen und ihr Kopf war leicht gesenkt. Sie schaute sehr oft auf ihre Schuhe, wobei sie mit dem übergeschlagenen Bein ständig wippte. Sie beantwortete zwar alle meine Fragen, aber ich als Personalchef war trotzdem irritiert. So wie sie dasaß, wirkte sie auf mich gelangweilt und desinteressiert. Wie jemand, der sich zwar um einen Job bewirbt, aber im Grunde kein Interesse an der Stelle hat.

Für Connie war die Videoaufnahme ein Schock. Sie sah zum ersten Mal, wie ihre Körpersprache auf andere wirkte. Aber mit ein wenig Training konnte sie ihre Ausstrahlung enorm verbessern. Connie lernte, gleich zu Beginn des Gespräches eine selbstsichere Haltung einzunehmen. Sie achtete darauf, sich aufrecht hinzusetzen, mit unverschränkten Armen und Beinen. Dabei schaute sie ihren Gesprächspartner an. Das veränderte sofort den Gesamteindruck, den sie machte. Jetzt passte alles zusammen. Sie wirkte ruhig, selbstsicher und motiviert. Das Letzte, was ich von ihr hörte, war eine E-Mail, in der sie mir von ihrem neuen Job berichtete.

Doch überlassen Sie es nicht dem Zufall, welchen Eindruck Sie auf andere machen. Vor allem in den Situationen, in denen Sie etwas erreichen wollen, können Sie Ihre Körpersprache bewusst so einstellen, dass Sie nach außen hin selbstsicher wirken. Und das funktioniert auch, wenn Sie innerlich vielleicht ein wenig nervös sind.

Um selbstsicher aufzutreten, müssen Sie sich weder total verstellen noch schauspielerisch begabt sein. Denn bei den meisten Menschen ist die Körpersprache im Prinzip in Ordnung – bis auf ein oder zwei Schwachpunkte. Und genau diese Schwachpunkte sind Ihre ungünstigen Angewohnheiten, die verhindern, dass Sie einen selbstsicheren Eindruck machen. Vielleicht nehmen Sie in bestimmten Situationen automatisch eine gebeugte Haltung ein oder senken im Gespräch den Blick, anstatt Ihr Gegenüber anzusehen. Vielleicht spielen Sie auch nervös an Ihren Haaren oder der Halskette herum? Wo auch immer es hapert, mit dem Test rechts erkennen Sie sofort Ihre Schwachstellen und können dadurch Ihre Körpersprache optimieren.

Dabei hilft Ihnen auch die folgende Strategie (→ Seite 14): Mit ihr können Sie Ihren Körper von Kopf bis Fuß auf Selbstsicherheit einstellen. Vielleicht probieren Sie beim Lesen gleich einmal aus, wie sich diese selbstsichere Haltung für Sie anfühlt. Dabei ist es gut möglich, dass Sie sich in manchen Positionen ein wenig komisch vorkommen: Genau dort haben Sie bisher eine andere Haltung oder Gestik verwendet. Doch dieses ungewohnte Gefühl legt sich mit der Zeit – nämlich dann, wenn Ihnen die selbstsicheren Gesten und Haltungen »in Fleisch und Blut übergehen«. Zu Beginn müssen Sie ja auch nicht immer und überall mit einer selbstsicheren Körpersprache auftreten, sondern nur dann, wenn Sie die Haltung einüben wollen, und dort, wo es drauf ankommt. Eine andere, selbstsicher wirkende Körpersprache eröffnet Ihnen vor allem die Wahlmöglichkeit: Sie können jederzeit Ihre »normale« Haltung verwenden oder Ihre Haltung absichtlich und ganz bewusst verändern.

Wie steht's um Ihre Körpersprache?

	nie	manchmal	häufig
Knicken Sie häufig mit dem Rücken ein, sodass Sie eine gebeugte, gekrümmte Haltung haben?	○	○	○
Neigen Sie dazu, die Schultern nach vorn zu kippen und rund zu machen, sodass der Brustkorb eingefallen wirkt?	○	○	○
Ist Ihnen schon mal aufgefallen, dass Sie Ihre Schultern über längere Zeit hochziehen?	○	○	○
Verlagern Sie beim Stehen häufig das Gewicht auf ein Bein oder stehen Sie mit gekreuzten Beinen?	○	○	○
Sitzen Sie auf einem Stuhl nur auf der Vorderkante oder zur Seite geneigt, also nicht in der Mitte?	○	○	○
Schlagen Sie die Beine beim Sitzen übereinander?	○	○	○
Verschränken Sie häufig die Arme?	○	○	○
Spielen Sie mit Schmuck oder Uhr?	○	○	○
Kauen Sie auf Ihrer Lippe, wenn Sie nervös sind?	○	○	○
Wippen Sie im Sitzen mit dem Fuß?	○	○	○
Fällt es Ihnen schwer, Ihr Gegenüber anzuschauen?	○	○	○

Auswertung

Immer wenn Sie eine der Fragen mit »häufig« oder »manchmal« beantworten, haben Sie es genau an dieser Stelle mit einem Schwachpunkt in Ihrer Körpersprache zu tun. Hier ist Ihre Körpersprache nicht so optimal, wie sie sein könnte. Genau diese Erkenntnis ist schon der erste wichtige Schritt auf dem Weg zu einer guten, stimmigen Körpersprache. Der zweite Schritt besteht jetzt darin, genau die Schwachpunkte, die Sie entdeckt haben, auszugleichen, indem Sie sich stattdessen eine selbstsichere Haltung oder Gestik angewöhnen (→ Seite 14 ff.).

>> Strategie: So zeigen Sie sich selbstsicher

- Achten Sie darauf, dass Sie beim Stehen, Gehen und Sitzen Ihren Rücken gerade halten. Und geben Sie Ihrem Rücken die Länge, die die Natur für ihn vorgesehen hat: keine gebeugte Haltung, keine nach vorn fallenden Schultern …
- Lassen Sie Ihre Schultern breit werden.
- Lassen Sie Ihre Schultern ein Stück tiefer fallen.
- Verteilen Sie Ihr Gewicht gleichmäßig auf beide Beine und überkreuzen Sie sie nicht.
- Nutzen Sie beim Sitzen die gesamte Sitzfläche und bleiben Sie dabei aufrecht in der Mitte des Stuhls beziehungsweise der Sitzfläche.
- Verschränken Sie zu Beginn eines Gespräches nicht Ihre Arme.
- Stellen Sie, vor allem zu Beginn eines Gespräches, beide Füße auf den Boden. Schlagen Sie nicht sofort Ihre Beine übereinander!
- Halten Sie Ihre Hände ruhig: Zupfen Sie nicht an Ihrer Kleidung herum und spielen Sie nicht an den Haaren oder am Schmuck.
- Halten Sie einen ruhigen Blickkontakt zu Ihrem Gegenüber. Aber vermeiden Sie es, den anderen andauernd anzustarren.
- Achten Sie darauf, dass Sie sich in Ihrer selbstsicheren Haltung nicht verkrampfen. Bleiben Sie aufrecht, entspannen Sie sich und atmen Sie locker ein und aus.

Für Sie sind aus dieser Liste vor allem die Punkte wichtig, die Sie als Ihre Schwachpunkte identifiziert haben. Und die bekommen Sie mit ein wenig Übung schnell in den Griff. Nehmen wir mal an, Sie kauen oft auf Ihrer Lippe herum. Hier reicht es, Ihren Mund zu entspannen, wenn ein Gespräch ansteht, das Sie nervös macht. Kleinigkeiten haben oft eine enorme Wirkung. Probieren Sie es aus!

Sie können sich Ihre neue Körpersprache leichter angewöhnen, wenn Sie auch in ganz normalen Alltagssituationen auf Ihre Schwachpunkte achten und sie ausgleichen. Einkaufen gehen, in Bus und Bahn fahren, Restaurantbesuche – genießen Sie bei solchen Gelegenheiten Ihre selbstsichere Körpersprache, ohne sich dabei unter Druck zu setzen. Souverän aufzutreten macht selbstbewusst und ist nicht anstrengend. Je häufiger Sie das neue Verhalten trainieren, umso schneller wird es für Sie zur Gewohnheit.

Selbstsicher im Nu

Statt Ihre Körpersprache Punkt für Punkt zu korrigieren, können Sie auch eine Abkürzung nehmen:

>> Strategie: Die königliche Muthaltung

- Stellen Sie sich vor, Sie wären eine Königin oder ein König. Und treten Sie auf, als wären Sie von Adel. Versetzen Sie sich ganz in diese ungewohnte Rolle. Und Sie werden sehen: Dabei stehen, sitzen und gehen Sie majestätisch. Auch wenn das für Sie ein wenig nach Theater klingt – mit einer solchen Haltung strahlen Sie automatisch ein Maximum an Selbstsicherheit aus. Ganz ohne darüber nachzudenken sind Sie dabei gleichzeitig weder arrogant noch angespannt.
- In dieser königlichen Haltung können Sie auch sehr freundlich auf andere zugehen. Sie wirken ganz von selbst respektabel und würdevoll, ohne viele kleine Gesten oder andere Signale zu kontrollieren.
- Wann immer Sie eine Extraportion Mut brauchen – werden Sie ganz Queen (oder King): Zeigen Sie sich souverän und strahlen Sie dabei eine natürliche Würde aus. Das funktioniert in jeder Situation. Probieren Sie die Bandbreite aus – wie würde eine Königliche Hoheit eine Bühne für einen Vortrag betreten, in einem vollgepackten Raum den Geschäftsführer mit Handschlag begrüßen, der Lehrerin beim unangenehmen Elterngespräch begegnen …?

»Das soll funktionieren?« Wenn ich meinen Seminarteilnehmern das erste Mal die königliche Muthaltung vorstelle, gibt es manchmal Gelächter. Aber das ändert sich schnell, wenn alle diese »Abkürzung« ausprobiert haben. In Windeseile sitzt oder steht eine ganze Gruppe mit einer absolut selbstsicheren Körpersprache vor mir – und die Teilnehmer sind davon selbst am meisten überrascht.

Die Vorstellung, ganz Queen (oder ganz King) zu sein, wirkt wie eine Zauberformel. Wie von selbst richtet sich der Rücken auf, die Bewegungen werden ruhiger, der Blickkontakt wird sicherer. Statt herumzuschlurfen, geht man gerade und aufgerichtet und strahlt Präsenz aus. Statt verlegen zu grinsen, spielt auf den Lippen ein würdevolles, charmantes Lächeln.

Ich habe diese Haltung die königliche Muthaltung getauft. Muthaltung deshalb, weil Ihnen diese Haltung besonders hilft, wenn Sie Ihre Nervosität oder Ängstlichkeit überwinden möchten. Beispielsweise wenn Sie eine kleine Rede halten wollen oder jemandem eine unangenehme Botschaft überbringen. Oder wenn Sie mit einem Menschen reden müssen, den Sie für schwierig halten. Immer, wenn Sie über sich hinauswachsen, sorgt Ihre königliche Muthaltung automatisch dafür, dass Sie in sich Kraft finden und Ihre Körpersprache stimmig zu dieser neuen Aufgabe ist. Sie treten respektabel auf – und können Dinge wagen, die man Ihnen bisher vielleicht wegen Ihrer unsicheren Gesten nicht abgenommen hätte.

Auf die königliche Muthaltung werde ich auch in den nächsten Kapiteln immer wieder zurückkommen. Denn was auch immer Sie bei anderen Menschen erreichen wollen: Sie brauchen zuerst eine selbstsichere Körpersprache. Und auch wenn Sie sich in einer schwierigen Situation befinden oder schnell auf selbstbewusst umschalten möchten, denken Sie dann fest an diese beiden Worte: königliche Muthaltung. Stellen Sie sich vor, Sie wären ganz von Adel – und schon klappt es auch mit der Ausstrahlung.

Nervosität in den Griff bekommen

Es ist völlig normal, dass Sie nervös werden, wenn Sie sich in eine ungewohnte Situation begeben. Mit diesen Tipps können Sie Ihre Nervosität drosseln:

- **Stoppen Sie alle Gedanken und Vorstellungen, die Ihnen Angst machen!**
  Achten Sie auf das, was Ihnen durch den Kopf geht. Solange Sie sich vorstellen, was alles schiefgehen könnte, werden Sie immer nervöser. Stellen Sie sich stattdessen vor, dass die Sache für Sie gut ausgeht. Malen Sie sich in allen Einzelheiten aus, wie Sie alles ganz mühelos und selbstsicher bewältigen.
- **Vermeiden Sie aufputschende Getränke wie Kaffee oder Tee.**
  Sie sind bereits wach und aufgeregt. Wenn Sie jetzt noch viel Koffein zu sich nehmen, steigert sich das nervöse Gefühl in Ihnen noch mehr. Aber schlucken Sie auf keinen Fall irgendwelche Beruhigungsmittel.
- **Stärken Sie sich durch die passende Kleidung.**
  Ziehen Sie die Kleidungsstücke an, die Ihnen ein Gefühl von Kompetenz und Autorität geben. Achten Sie zugleich darauf, dass die Sachen von selbst gut sitzen und dass Sie nicht daran herumzupfen müssen.
- **Gehen Sie ganz bewusst in eine sehr würdevolle Körperhaltung.**
  Ihre Körperhaltung wirkt immer auch auf Sie selbst zurück. Sie fühlen sich stärker, wenn Sie aufrecht sitzen oder stehen.
- **Lassen Sie sich von der Nervosität nicht blockieren.**
  Sie können alles tun, was Sie sich vorgenommen haben. Denn nervös zu sein ist kein schlechtes Zeichen. Es zeigt nur, dass Sie sich etwas zutrauen.

Warum der Blickkontakt so wichtig ist

Mit Ihrem Blickkontakt zeigen Sie anderen Menschen, dass Sie sich ihnen zuwenden. Denn das Anschauen ist eine Form von Kontaktaufnahme: Indem Sie Ihrem Gegenüber in die Augen sehen, zeigen Sie dem anderen, dass er gemeint ist. Ohne den Blickkontakt verlieren Ihre Worte ihr Ziel und Sie reden an Ihrem Gesprächspartner vorbei.

Mit Ihrem Blick signalisieren Sie zugleich, dass Sie auch gesehen und gehört werden wollen. Beispielsweise, wenn Sie ein Amtszimmer in einer Behörde betreten oder in einem Geschäft bedient werden möchten. Die einfachste Form sich bemerkbar zu machen, noch bevor Sie Guten Tag sagen, ist der Blickkontakt. Machen Sie auf sich aufmerksam, indem Sie den Mitarbeiter ansehen, der dort sitzt oder im Laden bedient. Das ist höflich – und zeigt gleichzeitig am deutlichsten, dass Sie seine Aufmerksamkeit wünschen. Suchen Sie immer zuallererst den Blickkontakt, um auf sich aufmerksam zu machen.

Der Blick und seine Wirkung

Ein guter Blickkontakt sollte natürlich wirken und darf Sie keine große Anstrengung kosten. Denn es gibt auch Blicke, die einfach unangenehm sind. Ihr Gesprächspartner darf sich nicht von Ihnen kontrolliert oder kritisiert fühlen! In der Aufstellung auf der nächsten Seite finden Sie die häufigsten Fehler beim Blickkontakt und Tipps, wie Sie diese vermeiden können.

Auch am Ende eines Gespräches ist Ihr Blickkontakt wichtig. Sehen Sie Ihren Gesprächspartner unbedingt an, wenn Sie sich verabschieden!

» DER BLICKKONTAKT

So nicht	So geht's leichter
Mustern Sie Ihr Gegenüber nicht von Kopf bis Fuß. Das ist unhöflich und wirkt arrogant.	Schauen Sie Ihrem Gesprächspartner ins Gesicht, am besten in die Augen.
Starren Sie Ihr Gegenüber nicht pausenlos an. Das wirkt verkrampft und offenbart, dass Sie eher unsicher sind.	Blicken Sie die andere Person an, aber sehen Sie zwischendurch auch immer mal wieder kurz woanders hin.
Runzeln Sie nicht die Stirn und ziehen Sie nicht die Augenbrauen zusammen. (Besonders Menschen, die schlecht sehen können, machen das manchmal.) Dadurch wirkt Ihr Gesichtsausdruck grimmig.	Schauen Sie Ihr Gegenüber mit einem offenen, neutralen Gesichtsausdruck an. (Sorgen Sie dafür, dass Brille und Kontaktlinsen perfekt angepasst sind, damit Sie nicht die Brauen zusammenziehen müssen.)
Sehen Sie nicht von unten hoch, denn dadurch wirkt Ihr Blick unterwürfig. Schauen Sie aber auch nicht mit hochgestrecktem Kopf auf den anderen herab. Dadurch wirkt Ihr Blick überheblich.	Halten Sie Ihren Kopf gerade. Sie können ihn ein wenig zur Seite neigen. Senken Sie den Kopf nicht und übertreiben Sie auch das Zur-Seite-Neigen nicht. Sonst werden Sie schnell als zu nett eingeschätzt.

Denken Sie an die königliche Muthaltung (→ Seite 15 f.): Selbst wenn das Gespräch für Sie negativ gelaufen ist und Sie sich vielleicht nicht durchsetzen konnten, zeigt Ihr ruhiger klarer Blick und Ihre souveräne Haltung, dass Sie sich nicht unterkriegen lassen. Damit hinterlassen Sie einen guten letzten Eindruck.

Wenn Ihr Gesprächspartner Sie nicht ansieht

Ich werde in meinen Selbstsicherheitstrainings oft gefragt, wie man mit Leuten umgehen soll, die ihrerseits keinen Blickkontakt herstellen. So ein fehlender Blickkontakt kann sehr negative Auswirkungen auf den

Gesprächsverlauf haben. In harmlosen Fällen wird man dadurch nur verunsichert. Aber manchmal passiert es auch, dass wir jemanden falsch einschätzen, nur weil der Betreffende uns nicht in die Augen sieht.

Ein fehlender Blickkontakt kann dazu führen, dass wir uns vom anderen abgelehnt fühlen. Dennoch ist das oft ein Trugschluss. Vielen Menschen fällt es einfach nur schwer, andere anzuschauen. Ursache dafür ist oft Schüchternheit, mangelnde Selbstsicherheit oder es ist bloß eine Angewohnheit. In den allermeisten Fällen steckt also hinter einem fehlenden Blickkontakt keine böse Absicht.

Für Sie ist es wichtig, dass Sie Ihr Gegenüber nicht ablehnen, nur weil der Betreffende Sie nicht anschaut. Lassen Sie sich nicht verunsichern und halten Sie trotzdem Blickkontakt zu ihm. Er merkt, dass Sie ihn ansehen. Und Ihr Blick zeigt, dass Sie in jedem Fall selbstsicher sind, unabhängig davon, ob Ihr Gegenüber Sie anschaut oder nicht.

Auf gleicher Augenhöhe

Achten Sie besonders bei wichtigen Gesprächen darauf, dass Sie und Ihr Gesprächspartner von Angesicht zu Angesicht miteinander sprechen. Entweder beide sitzen oder beide stehen. Ungünstig wäre, wenn Ihr Gegenüber steht und Sie sitzen. Um Blickkontakt zu halten, müssten Sie dann von unten zu ihm aufschauen. Und das kann Sie in Schwierigkeiten bringen, denn das Hochschauen kennen wir alle aus der Zeit, als wir noch Kinder waren. Wenn die Eltern mit uns sprachen, schauten wir zu ihnen auf und mussten (meistens) gehorchen. Deshalb ist dieser Blick von unten in unserem Gehirn mit einem Gefühl von Unterlegenheit verknüpft. So kann es passieren, dass wir uns auch als Erwachsene schnell unterlegen fühlen, wenn jemand von oben herab mit uns spricht. Sorgen Sie deshalb dafür, dass Sie mit Ihrem Gegenüber auf gleicher Augenhöhe sprechen können. Selbst wenn Sie wesentlich kleiner sind als Ihr Gesprächspartner, müssen Sie nicht unbedingt immer zu ihm oder ihr hochgucken. Probieren Sie es aus: Vergrößern Sie den Abstand zum anderen, und Sie werden merken, dass Sie Ihren Kopf nicht mehr in den Nacken legen müssen, um den Blickkontakt zu halten. Wenn Sie also vor einem großen Gesprächspartner stehen oder sitzen, rücken Sie ein wenig nach hinten – bis Sie den anderen mit geradem Kopf anschauen können.

Im Alltag kann es durchaus mal vorkommen, dass Ihr Kollege oder Ihr Chef vor Ihrem Schreibtisch steht und mit Ihnen redet, während Sie sitzen. Sobald es sich um etwas Wichtiges handelt, wenn es beispielsweise um Ihre Interessen geht, stellen Sie am besten unverzüglich die gleiche Augenhöhe her.

Mein Tanzbereich, dein Tanzbereich

Es ist Ihnen unangenehm, wenn Ihr Chef sich neben Ihren Schreibtisch stellt oder wenn Sie auf einer Party von jemandem, der Ihnen unsympathisch ist, von Nahem zugetextet werden. Denn neben der Frage der Augenhöhe tritt dann auch ein anderer Mechanismus der Körpersprache automatisch in Kraft: Ihre persönliche Distanzzone. Und die meldet sich in manchen Situationen mit Macht zu Wort!

Respektieren Sie die Distanzzone

Jeder Mensch ist von einer unsichtbaren Distanzzone umgeben. Das ist sein persönliches Revier, in das fremde Menschen nicht einfach eindringen dürfen. Die Größe der Distanzzone ist von Mensch zu Mensch und von Kulturkreis zu Kulturkreis ein wenig unterschiedlich. Bei uns hat sie einen Radius von ungefähr einem Meter.

Vertraute Menschen, wie Freunde oder Verwandte, können uns körperlich sehr nahe kommen. Sie dürfen bis auf null Zentimeter an uns heranrücken, ohne dass es uns unangenehm ist. Außerdem gibt es Profis, denen wir erlauben, uns zu berühren, wie zum Beispiel Ärzte oder Friseure. Bei Unbekannten meldet unser Gehirn hingegen eine Revierverletzung, wenn sie uns zu nahe kommen. Wir fühlen uns dann bedrängt und unwohl. Das können Sie beispielsweise erleben, wenn Sie mit anderen Menschen dicht gedrängt in einem Fahrstuhl stehen. Keiner schaut dem anderen ins Gesicht. Alle starren wie hypnotisiert auf die Stockwerksanzeige. Und wenn die Fahrstuhltüren wieder aufgehen und es leerer wird, atmet jeder erst einmal tief und erleichtert durch …

Und was bedeutet nun der Einfluss der Distanzzonen für meine selbstsichere Körpersprache?, werden Sie sich vielleicht fragen. Das Wichtigste ist: Führen Sie keine wichtigen Gespräche, wenn es Ihnen zu eng ist und Sie sich vielleicht sogar körperlich bedrängt fühlen (→ Strategie auf Seite 24).

Kuschelfaktor oder Stress – was tun, wenn es zu eng wird?

Ungewollte Nähe kann Stress auslösen und sogar aggressiv machen. Und Ihr Gehirn kann bei Stress nicht klar denken. Das führt wiederum dazu, dass Ihre sprachlichen Fähigkeiten eingeschränkt werden. Falls Ihr Gesprächspartner zu dicht vor Ihnen steht oder zu eng neben Ihnen sitzt, entsteht bei Ihnen zuerst ein mulmiges Gefühl. Es ist gut möglich, dass Sie Schwierigkeiten haben, die richtigen Worte zu finden. Vielleicht können Sie sich auch kaum auf das konzentrieren, was Ihr Gegenüber sagt. Das sind Zeichen dafür, dass die Nähe zum anderen für Sie nicht stimmt. Deshalb: Bevor Sie weiterreden, sorgen Sie zuerst für den richtigen Abstand zu Ihrem Gesprächspartner.

Überprüfen Sie einfach mal, wie Sie auf ungewollte Nähe zu fremden Menschen reagieren:

- Löst Gedränge und Eingezwängtsein bei Ihnen großen Stress aus?
- Vermeiden Sie überfüllte Busse und Bahnen, weil es Ihnen dort schnell viel zu eng wird?
- Ist es Ihnen unangenehm, wenn jemand in einer Warteschlange sehr dicht hinter Ihnen steht?

Falls ja, dann ist es wichtig, dass Sie Ihre Distanzzone besonders gut schützen. Und zwar vor allem dann, wenn Sie sich in einem Gespräch durchsetzen wollen. Denn schon kleine Revierverletzungen können dazu führen, dass Sie den Faden verlieren!

Lassen Sie sich nicht aus dem Konzept bringen

Stellen Sie sich vor, Sie verhandeln mit einem Autoverkäufer. Sie reden gerade und versuchen den Preis für den Wagen etwas zu drücken. Da unterbricht Sie der Verkäufer, indem er plötzlich seine Hand auf Ihren Arm legt. So eine Berührung kann bereits ein Einbruch in Ihr persönliches Revier sein. Für einen kurzen Moment entsteht in Ihrem Gehirn Stress. Das reicht schon, damit Sie beim Reden den Faden verlieren. Sie wissen nicht mehr, was Sie eigentlich sagen wollten, während der Autoverkäufer nun die Gelegenheit nutzt und seine Argumente abspult. Er hat Sie mit dieser unerwarteten Berührung irritiert. Das kann Zufall, aber auch eine Taktik sein. Denn Sie können nicht selbstsicher mit jemandem verhandeln, solange Ihre persönliche Distanzzone nicht respektiert wird.

Übrigens: Es ist nicht immer eine böse Taktik, wenn jemand Ihre Distanzzone scheinbar nicht respektiert. Andere Menschen sind womöglich unempfindlicher und können eine ungewollte Nähe besser ertragen als Sie. Manchmal rückt Ihr Gegenüber auch näher an Sie heran, weil es sich mehr mit Ihnen verbunden fühlt als Sie sich mit ihm. Der andere glaubt, Sie hätten einen guten Draht zueinander, während Sie diese Beziehung vielleicht anders einschätzen.

>>Strategie: Schützen Sie Ihre Distanzzone

- Achten Sie am Arbeitsplatz darauf, dass Sie nicht eingezwängt sitzen. Stellen Sie Ihren Schreibtisch und Ihren Stuhl so hin, dass Sie selbst dann noch Platz haben, wenn Ihnen jemand in einem Gespräch sehr auf die Pelle rückt.
- Lassen Sie sich nicht umarmen, wenn Ihnen das unangenehm ist. Sie können eine Umarmung verhindern, indem Sie Ihrem Gegenüber zuvorkommen, ihm die Hand geben und dann in einiger Entfernung stehen bleiben.
- Wenn jemand Ihnen immer wieder zu nahe kommt, können Sie denjenigen höflich auf Abstand bringen. Etwa mit einer Bitte wie:
  - »Entschuldigung, aber ich kann Ihnen besser zuhören, wenn zwischen uns ein wenig mehr Abstand ist.«
  - »Verzeihung, aber das ist mir jetzt zu eng hier. Ich brauche ein wenig Platz, um mit Ihnen reden zu können.«
  - »Im Moment mag ich es lieber, wenn du mir mehr Platz lässt. Kannst du dich bitte dorthin setzen?«
  - »Das ist mir hier zu eng. Bitte rück ein wenig zur Seite.«
- Sorgen Sie während eines Gespräches dafür, dass Sie nicht durch Berührungen aus dem Konzept gebracht werden. Falls es doch passiert, vergrößern Sie den Abstand zu Ihrem Gegenüber und wiederholen Sie, was Sie vorher gesagt haben.
- Lassen Sie sich aber nicht von Ihrem Gesprächpartner quer durch den Raum treiben, indem Sie immer zurückgehen, wenn der andere Ihnen zu nahe kommt. Stellen Sie sich einfach **NEBEN** den anderen. Neben dem Gesprächspartner zu stehen, macht es Ihnen leichter, ungewollte Nähe zu ertragen, und der andere kann nicht mehr auf Sie zukommen.

Andere Menschen – andere Distanzzonen

Sie können einen anderen Menschen schnell gegen sich aufbringen, wenn Sie sein Revier verletzen. Unsere Wohnung, das eigene Zimmer, die eigenen Schränke und Schubladen, aber auch unser Schreibtisch im Büro – all das gehört zu unserem Territorium. Andere Menschen dürfen dort nicht einfach hereinplatzen, sich dort breitmachen oder etwas wegnehmen. Tun sie es doch, dann fühlen wir uns missachtet und werden ärgerlich.

Für das Revier einer anderen Person gilt immer das Prinzip der Erlaubnis. Wir müssen zuerst fragen, wenn wir in den Bereich eines anderen Menschen eindringen wollen. Genau dazu dient auch das Anklopfen an einer Tür. Wir machen uns damit bemerkbar und bitten um Erlaubnis, eintreten zu dürfen. Ähnliches gilt auch, wenn Sie sich zum Beispiel in einem überfüllten Kaufhaus oder einer vollen Bahn bewegen. Möchten Sie sich an anderen Menschen vorbeidrängen, dann fragen Sie kurz nach. Meistens reicht das Wort »Verzeihung!« oder der Satz »Entschuldigung, darf ich kurz hier durch?«. Mit dieser höflichen, zur Formel gewordenen Frage ist es möglich, in die persönliche Distanzzone eines anderen Menschen einzudringen, ohne bei ihm Aggressionen auszulösen.

Worte und Körpersprache verbinden

Sie sehen: Allein Ihre selbstsichere Körpersprache ist bereits äußerst wirksam. Was immer Sie auch sagen – solange Sie dabei eine ruhige Souveränität ausstrahlen, sind Ihre Worte kraftvoll und überzeugend. In den nächsten Kapiteln geht es dann um die tatsächlichen Worte und Sätze, mit denen Sie sich durchsetzen können. Vergessen Sie dabei aber nie, dass auch Ihr Körper Signale sendet! Deshalb ist Ihre königliche Muthaltung der beste Beginn eines jeden Gespräches.

Selbstsicher mit anderen Menschen sprechen

→ Ohne eine offene, klare Kommunikation geht nichts. Beziehungen, Kollegialität, Sympathie fangen immer damit an, dass Sie mit anderen Menschen ins Gespräch kommen. Gespräche sind aber auch der Weg, auf dem Sie Ihre Interessen ausdrücken und durchsetzen können. Dazu gehört, dass Sie Ihren Mitmenschen unmissverständlich sagen können, was Sie möchten und brauchen.

Der Sprung
ins kalte Wasser

2

Frank und frei mit anderen Menschen ins Gespräch kommen – das sagt sich so leicht. Aber trauen Sie sich, fremde Leute einfach anzusprechen? Nicht nur schüchterne Menschen haben damit ein Problem. Wir alle fühlen uns manchmal überfordert, wenn es darum geht, mit anderen Personen Kontakt aufzunehmen. Gerade der scheinbar so lockere Smalltalk kann dabei eine echte Herausforderung sein. Vielleicht kennen Sie das auch: Sie sind allein unter Fremden. Und obwohl Sie ansonsten nicht auf den Mund gefallen sind, finden Sie nicht so leicht Anschluss. Ob nun auf einer Party oder im Job – ergreifen Sie die Initiative und machen Sie sich mit Ihren Mitmenschen bekannt. Nur so können Sie in dieser Situation weiterkommen.

Aber dieses Kapitel geht weit über das Plaudern hinaus. Denn Sie führen auch Gespräche, um Ihre Interessen zu vertreten. Ich zeige Ihnen hier, wie Sie Ihren Mitmenschen deutlich sagen können, was Sie brauchen und was Sie sich wünschen. Sie lernen, offen darüber zu sprechen, und sorgen so gut für sich selbst. Doch was tun Sie, wenn Ihr Gesprächspartner zu Ihrem Wunsch nicht sofort Ja sagt? Das ist kein Problem, denn Sie müssen nicht gleich aufgeben oder sich zurückziehen. Es ist absolut in Ordnung, wenn Sie sich für Ihre Interessen energisch und nachdrücklich einsetzen. Dabei können Sie in einem Gespräch beharrlich sein, ohne sich über Ihr Gegenüber aufzuregen. Und genau diese Fähigkeit brauchen Sie auch, wenn Ihr Gesprächspartner ständig abschweift. Denn mit einer ruhigen Ausdauer lenken Sie das Gespräch in Ihre Richtung.

Selbstsicher zu sein bedeutet auch, dass Sie anderen eine Grenze aufzeigen können. Ihr Nein ist wichtig, weil Sie eben nicht so strapazierfähig wie ein Teppichboden sind. Sie haben auch Bedürfnisse.

Glauben Sie mir, in all diesen Situationen können Sie selbstsicher auftreten und sprechen – und das, ganz ohne Ihren Gesprächspartner dabei vor den Kopf zu stoßen.

Charmant Kontakte knüpfen

Selbstbewusst Kontakt zu anderen Menschen herzustellen, gehört zum Fundament Ihrer Selbstsicherheit. Denn um mit anderen ins Gespräch zu kommen, brauchen Sie eine ganze Reihe von Fähigkeiten, über die wir uns normalerweise kaum Gedanken machen:

- selbstbewusstes Auftreten,
- eine ansprechende Ausstrahlung,
- die richtigen Worte, um jemanden anzusprechen, und
- die Fähigkeit, ein zwangloses Gespräch zu führen.

Um fremde Menschen kennenzulernen, benötigen Sie innerlich ein klares Ja. Ja, Sie wollen mit anderen Personen Kontakt aufnehmen. Ohne dieses innere Ja warten Sie in einer zurückgezogenen Haltung darauf, dass Sie einen Draht zu Ihren Mitmenschen bekommen. Das funktioniert in der Regel aber nicht, weil Ihre Zurückhaltung auf andere wie ein Nein wirkt. Vermutlich sind Sie einfach nervös, wenn Sie fremde Leute ansprechen wollen. Vertrauen Sie mir: Niemand sieht Ihnen Ihre Nervosität an, wenn Sie in Ihrer königlichen Muthaltung sind!

Machen Sie sich mit anderen Menschen bekannt

Nehmen wir an, Sie sind gerade auf einer Party angekommen. Die einzige Person, die Sie dort kennen, ist der Gastgeber. Aber der hat wenig Zeit für Sie, weil er sich auch noch um seine anderen Gäste kümmern muss. Doch Sie möchten gerne mit anderen Partygästen ins Gespräch kommen. Wie schaffen Sie das? Wie nimmt man Kontakt auf zu Menschen, die einem völlig unbekannt sind?

Zunächst einmal sehen Sie sich um. Wer von den Partygästen wirkt so, als würde man leicht mit ihm oder ihr reden können? Vielleicht hat Sie schon jemand angeschaut? Erwidern Sie den Blick, nicken Sie der Person zu. Jetzt einen bewusst freundlichen Gesichtsausdruck aufzusetzen, kann sehr hilfreich sein, da dieser Offenheit signalisiert. Gehen Sie auf die Leute zu, die Ihnen interessant erscheinen. Oder stellen Sie sich zu einer Gruppe, die sich angeregt unterhält. Wenn jemand auf Sie aufmerksam wird, ist das eine gute Gelegenheit, sich selbst kurz vorzustellen. Sagen Sie Ihren Namen – plus ein bis zwei Informationen zu Ihrer Person. Dadurch behält Ihr Gegenüber Sie besser und länger im Gedächtnis. Zusätzlich haben Sie auch noch Anknüpfungspunkte für ein weiteres Gespräch geliefert. Sprechen Sie Ihren Namen immer langsam und deutlich aus. Und halten Sie dabei Blickkontakt zu Ihrem Gegenüber oder zu der Gruppe.

Eine Vorstellung kann beispielsweise so klingen: »Hallo, ich bin Marie. Ich bin mit Hans (dem Gastgeber) früher zur Schule gegangen.« Oder: »Guten Abend. Ich heiße Lea. Ich bin die Nachbarin von nebenan und habe den Kartoffelsalat zum Büfett beigesteuert.« Jetzt wissen die anderen etwas über Sie, und wer will, knüpft an diese Informationen an. Sie haben sozusagen einen Ball vorgelegt und ein anderer kann ihn nun zurückspielen.

SO GEHT'S

Beziehungspflege beim Smalltalk

→ Beim Smalltalk zeigen Sie, dass Sie für den anderen Zeit haben. Sie nehmen ihn wahr und wenden sich ihm zu. Dadurch merkt Ihr Gesprächspartner, dass er Ihnen wichtig ist. Denken Sie daran: Jeder Mensch möchte gesehen und geachtet werden.

Kontaktaufnahme im Büro

Eine schwierige Situation ist für viele auch der Start an einem neuen Arbeitsplatz. So viele neue Gesichter, neue Namen – und Sie müssten sich eigentlich unentwegt selbst vorstellen. Betrachten Sie es als exzellente Übung für Ihr Know-how in Sachen Kontaktaufnahme!

Auch hier sagen Sie Ihren Namen (Vor- und Nachnamen) und fügen dann ein bis zwei Informationen über sich hinzu, beispielsweise in welcher Abteilung Sie arbeiten oder mit wem Sie zusammen in einem Büroraum sitzen. Je nach den Gepflogenheiten in der Firma können Sie auch beim ersten Kennenlernen Ihren neuen Kollegen die Hand schütteln.

>>Strategie: So stellen Sie sich anderen Menschen vor

- Fassen Sie den Entschluss, Kontakt aufnehmen zu wollen.
- Gehen Sie bewusst in eine Körpersprache, die Offenheit signalisiert. Mit Ihrem Lächeln zeigen Sie, dass Sie sich über den Kontakt freuen.
- Gehen Sie auf Ihr Gegenüber zu. Begrüßen Sie es kurz und nennen Sie Ihren Namen.
- Fügen Sie noch ein oder zwei kurze Informationen über sich hinzu, damit ein Gespräch entstehen kann.
- Sprechen Sie langsam und deutlich. Halten Sie dabei Blickkontakt.
- Wenn Ihr Gegenüber sich ebenfalls vorstellt, merken Sie sich seinen Namen und sprechen Sie es damit an. So prägt sich der Name schnell bei Ihnen ein und das Gespräch wird persönlicher.

Für die Zusatzinformationen gelten dieselben »Regeln« wie bei der privaten Party: Wählen Sie die Informationen je nach Gesprächspartner so aus, dass ein Anknüpfen vermutlich leichtfällt. Wenn Sie Ihr Gegenüber gar nicht kennen, bleibt es dem Zufall überlassen, ob es auf Ihr Gesprächsangebot eingeht. Aber beim Chef der Marketingabteilung könnten Sie zum Beispiel in einem Satz erwähnen, dass Sie vorher in einer PR-Agentur gearbeitet haben, während Sie dem IT-Mitarbeiter gegenüber vielleicht den perfekt eingerichteten PC erwähnen, den Sie vorgefunden haben.

Und das funktioniert natürlich auch, wenn Sie schon länger in der Firma arbeiten und eines Tages neue Gesichter auf dem Flur auftauchen. Falls diese Neuankömmlinge sich nicht von sich aus vorstellen, ergreifen Sie einfach die Initiative. Sprechen Sie die betreffenden Personen an, begrüßen Sie sie und stellen Sie sich selbst vor. Meistens reicht das schon aus, um zu erfahren, woher die Neuen kommen und wo genau sie jetzt in der Firma arbeiten. Diese Kennenlernstrategie klappt auch sehr gut in anderen Situationen, wie etwa auf Reisen, Kongressen oder Fortbildungsveranstaltungen.

Noch ein wichtiger Tipp: Sie machen einen eher schwierigen Eindruck, wenn Sie im ersten Satz etwas Negatives sagen, wie zum Beispiel: »Oh, hier ist aber schlechte Luft. Machen Sie eigentlich nie das Fenster auf?« Wenn Sie gleich etwas Negatives zu einem neuen Bekannten sagen, ist das so, als würden Sie ein Schild hochhalten, auf dem steht: Bei mir gibt es Probleme. Deshalb: Reden Sie über das, was Ihnen positiv auffällt!

Die kleine Unterhaltung zwischendurch

Bei wichtigen Gesprächen, etwa bei geschäftlichen Verhandlungen, wird zu Beginn fast immer ein wenig Smalltalk gemacht. Man erkundigt sich beispielsweise nach dem Befinden des anderen und fragt vielleicht, wie es den Kindern geht. Dann wird darüber geredet, dass die lieben Kleinen so schnell groß werden und dass die Jüngste gerade eingeschult wurde. Das hat nichts mit der eigentlichen Verhandlung zu tun, aber es schafft ein angenehmes Gesprächsklima. Dann geht's zur Sache, und dabei kann auch hart diskutiert werden. Am Ende verabschieden sich die Beteiligten vielleicht damit, dass sie kurz darüber reden, wo jeder seinen nächsten Urlaub verbringen wird. Auch dieses Geplänkel am Schluss dient nur dazu, den Kontakt wieder auf eine freundliche, zwischenmenschliche Basis zu stellen.

Nur eine oberflächliche Plauderei?

Der Smalltalk wird von manchen Menschen nicht besonders geschätzt. Wer Smalltalk macht, ist in ihren Augen oberflächlich und vielleicht auch geschwätzig. Aber dabei wird eine Sache übersehen: Zunächst einmal muss man es überhaupt können. Es sieht von außen gesehen so einfach aus: Zwei oder mehr Leute treffen aufeinander. Man begrüßt sich, und dann gibt ein Wort das andere, und schon entsteht ein zwangloses Gespräch. Wer jemals dastand und nicht wusste, was er sagen sollte oder wie er den Gesprächspartner überhaupt zu einem zwanglosen Gespräch animieren könnte, weiß, dass diese harmlose Plauderei durchaus eine Leistung ist.

Die alltägliche Beziehungspflege

Wir reden nicht nur miteinander, um Sachinformationen auszutauschen, sondern auch um eine Beziehung zum anderen herzustellen. Bei den Sachinformationen geht es um Daten, Fakten und Tatsachen. Aber beim Smalltalk geht es vor allem darum, eine Verbindung zum Gesprächspartner aufzubauen. Man zeigt dem anderen in einem eher belanglosen Gespräch, dass man sich für ihn interessiert. Durch diese Beziehungspflege schaffen wir eine angenehme zwischenmenschliche Atmosphäre. Und diese angenehme Atmosphäre sorgt wiederum dafür, dass wir auf einer sachlichen Ebene gut miteinander auskommen.

Lassen Sie uns jetzt etwas genauer ansehen, wie ein guter Smalltalk angestoßen wird. Nehmen wir an, Sie treffen eine Kollegin, und die sagt zu Ihnen: »Guten Morgen! Das ist heute aber auch ein Wetter! Erst dieser Regen und dann noch der Wind dazu. Dabei kann man keinen Regenschirm festhalten!« Diese Sachinformationen könnten Sie auch leicht selbst herausfinden, wenn Sie aus dem Fenster gucken. Aber um die Sachinformation geht es hier jetzt gar nicht. Ihre Gesprächspartnerin versucht, eine Verbindung mit Ihnen zu knüpfen. Im Idealfall bestätigen Sie diese Verbindung mit ihr, indem Sie sich auch auf das Thema Wetter einlassen. Vielleicht mit einem Satz wie diesem: »Tja, so einen verregneten Juli hatten wir lange nicht.« Sie könnten auch lächelnd sagen: »Besser Wind und Regen als Hagel und Glatteis. Wissen Sie noch, letzten Oktober ...« Was Sie Ihrer Kollegin auf den ersten Satz antworten, hängt vor allem davon ab, was Ihnen gerade durch den Kopf geht.

>> Strategie: So beginnen Sie einen Smalltalk

- Nehmen Sie Blickkontakt auf und achten Sie darauf, dass der andere Sie bemerkt.
- Machen Sie zu Beginn eine kurze Bemerkung über etwas, das für Sie und Ihr Gegenüber offensichtlich ist (Wetter, Anreise, Stau ...). Oder stellen Sie eine offene Frage.
- Wählen Sie dabei ein Thema, zu dem der andere mit großer Sicherheit etwas sagen kann. Das kann das Wetter sein, die Nachrichten oder etwas, was im Raum ist (die große Topfpflanze, neue Computerbildschirme). Oder etwas, was Sie und den anderen gerade beschäftigt (starker Verkehr auf den Straßen, anstehende Feiertage oder Ähnliches).
- Nachdem Sie etwas gesagt haben, warten Sie ab, wie Ihr Gegenüber darauf reagiert. Hören Sie gut zu.
- Halten Sie das Gespräch am Laufen, indem Sie wiederum kurz auf das eingehen, was Ihr Gegenüber gesagt hat. Stellen Sie Fragen, die der

andere ausführlich beantworten kann und nicht nur mit Ja oder Nein. Aber fragen Sie ihn im Übereifer nicht aus und nötigen Sie niemanden zum Gespräch.

- Vermeiden Sie Themen, die den anderen peinlich sein könnten oder die für den Anfang zu tief gehen, wie zum Beispiel Ehescheidung, Krankheiten und Ähnliches.
- Versuchen Sie nicht, besonders originell oder witzig zu sein. Je entspannter Sie sind, desto leichter fällt es Ihnen, spontan mit anderen Menschen ins Gespräch zu kommen.
- Sie können einen Smalltalk beenden, indem Sie eine Art Abschlussformel sagen, wie: »Ich wünsche Ihnen noch einen schönen Tag.« Oder in der Du-Form: »Mach's gut!«

Beim Smalltalk dienen die Bemerkungen dazu, sich gegenseitig Beachtung zu schenken. Es ist, als würde man dem anderen sagen: Ich sehe dich und ich möchte einen freundlichen Umgang mit dir pflegen. Die folgende Strategie zeigt Ihnen Schritt für Schritt, wie Sie selbst einen Smalltalk anfangen können.

Eine Startrampe für langfristige Beziehungen

Wenn Ihr Gegenüber nicht auf Ihr Smalltalk-Angebot eingeht, ist das kein Beinbruch. Viele Leute sind beim Smalltalk unsicher oder einfach gerade nicht in der Stimmung, um zu plaudern. Setzen Sie sich nicht selbst unter Druck. Sie werfen dem anderen nur einen Ball zu. Wenn er diesen Ball nicht annimmt, können Sie es später mit einem anderen Thema noch einmal probieren.

Mit ein wenig Übung wird Ihnen diese Form der Plauderei immer leichter fallen. Keine Angst, Sie werden dadurch kein oberflächlicher Mensch. Denn Sie verlieren keinesfalls Ihre Fähigkeit, auch ernsthaft über ein

Thema zu sprechen. Nett mit anderen Menschen zu plaudern und tiefgründige Gespräche führen – das ist kein Widerspruch. Im Gegenteil: Das ergänzt sich wunderbar.

Aus einem anfangs oberflächlichen Kontakt kann durchaus eine tiefere Verbindung entstehen. Denn bei diesen harmlosen Plaudereien merken wir, ob uns der andere sympathisch ist, ob er oder sie uns vielleicht sogar fasziniert oder amüsiert. So gesehen ist der Smalltalk auch eine Startrampe für eine langfristige Beziehung.

Bitten Sie um das, was Sie wollen

Viele Frauen beherrschen den Smalltalk schon gut. Kontakte knüpfen, Beziehungen aufbauen, vertiefen und aufrechterhalten – alles kein Problem. Doch wie sieht es aus, wenn es darum geht, jemanden um etwas zu bitten? Vielleicht auch um etwas, das keine Kleinigkeit ist, etwas, von dem Sie wissen, dass das Gespräch darüber möglicherweise unangenehm wird? Hier kneifen viele Menschen und hoffen, dass die anderen »schon irgendwie« erahnen werden, was sie sich wünschen.

Nur der Wind hört Ihr Seufzen?

Wer nicht laut sagt, was er braucht, geht leer aus. Denn unsere Mitmenschen können unsere Gedanken nicht lesen. Tiefe Seufzer und vage Andeutungen – all das wird in der Regel nicht verstanden.

Eine klare Bitte ist einfach notwendig, weil viele unserer Mitmenschen nicht in der Lage sind, ständig zwischen den Zeilen herauszuhören, was wir wollen. Geben Sie ihnen keine Rätsel mehr auf! Bitten Sie um das, was Sie wollen. Und zwar klipp und klar.

SO GEHT'S

Bitten erlaubt

→ Sie dürfen wirklich um alles bitten, was Sie brauchen. Überlassen Sie es Ihren Mitmenschen, wie sie auf Ihre Bitte antworten.

Das klingt sehr einfach, aber im Alltag erfordert es viel Selbstsicherheit, über die eigenen Bedürfnisse zu reden. Vor allem, wenn es dabei nicht nur um einen neuen Mantel oder eine Urlaubsreise geht. Über materielle Wünsche zu reden, fällt den meisten Menschen sogar leicht. Schwieriger wird es, wenn es um seelische Bedürfnisse, um zunächst eher Unkonkretes geht, wie beispielsweise dem Wunsch nach mehr Zeit für sich selbst, mehr Mithilfe im Haushalt, mehr Zärtlichkeit oder einer besseren Kommunikation.

Verhaltensweisen aus der Kindheit

Wenn wir es nicht wagen, anderen Menschen zu sagen, welche Bedürfnisse wir haben, dann hat das meistens eine konkrete Ursache. Zu irgendeinem früheren Zeitpunkt, oft in der Kindheit, haben wir gelernt, dass es besser ist, nicht zu offenbaren, was wir uns wünschen. Vielleicht durften wir als Kind nicht egoistisch sein und einen eigenen Willen zeigen. Oder wir haben uns damals für unsere Eltern oder auch für unsere jüngeren Geschwister verantwortlich gefühlt und so gelernt, die eigenen Bedürfnisse immer wieder zurückzustellen. Das kann passieren, wenn beispielsweise die Mutter sehr überfordert ist oder es viel Streit zwischen den Eltern gibt.

Solche frühen Erfahrungen setzen sich in uns fest und werden zu einer inneren Einstellung. Mangelnde Selbstsicherheit besteht zu einem großen Teil aus diesen früh verinnerlichten »Regeln«. Es sind Überzeugungen, an die wir glauben und die wir als Erwachsene immer noch in uns tragen. Diese waren vielleicht in der Kindheit einmal richtig und nützlich für uns, heute jedoch blockieren sie uns. Aber das lässt sich zum Glück ändern! Denn als Erwachsene können wir ganz bewusst alte Verhaltensweisen loslassen und dafür neue, selbstsichere annehmen. Die folgende Übersicht hilft Ihnen dabei.

Sie finden auf der linken Seite der Tabelle einige Einstellungen, die häufig unsere Selbstsicherheit blockieren. Wenn Ihnen etwas davon bekannt vorkommt, dann ist es Zeit, diese alte blockierende Überzeugung durch eine neue, selbstsichere zu ersetzen. Welche das sein könnte, steht auf der rechten Seite der Übersicht. Diese selbstsichere Haltung beginnt in Ihnen zu wirken, wenn Sie sie bewusst annehmen und im Alltag immer wieder daran denken. Es dauert eine Weile, bis sich der Erfolg einstellt, aber die Beschäftigung mit Verhaltensweisen lohnt sich – vor allem, wenn Sie spüren, dass Sie sich etwas wünschen, aber diesem Wunsch bisher nicht nähergekommen sind.

» WÜNSCHEN ERLAUBT

Mit diesen Einstellungen blockieren Sie Ihre Selbstsicherheit	Mit diesen Einstellungen stärken Sie Ihre Selbstsicherheit
Wenn ich sage, was ich brauche, wirke ich gierig.	Wenn ich sage, was ich mir wünsche, dann zeige ich damit, dass ich selbstsicher bin.
Mein Gegenüber wird mich für unverschämt halten.	Ich mache mir keine Sorgen darüber, was mein Gegenüber über mich denkt.
Wenn ich meine Wünsche ausspreche, dann hält man mich für egoistisch.	Ich sorge sehr gut für mich selbst, wenn ich meine Wünsche ausspreche. Und ich hoffe, dass auch meine Mitmenschen mir sagen, was sie von mir brauchen.
Mit meinen Wünschen und Bedürfnissen bringe ich andere Leute nur in Verlegenheit.	Bedürfnisse und Wünsche sind das Normalste auf der Welt. Mein Gegenüber kann zu dem, was ich will, Ja oder Nein sagen.
Ich bin nicht so wichtig. Andere Leute sind wichtiger.	Ich bin die Person, mit der ich bis zu meiner Todesstunde leben werde. Und ich nehme mich wichtig.

Ihre Bedürfnisse sind Ihre Bedürfnisse. Daran ist nichts verkehrt oder unverschämt. Erst, wenn Sie innerlich Ja sagen zu dem, was Sie wünschen und brauchen, können andere Menschen auch dazu Ja sagen. Sie sind die Anwältin für das, was Sie wollen.

Und es beginnt damit, dass Sie sich zuerst Ihre Wünsche selbst eingestehen. Ein Gespräch ist dann der zweite Schritt.

>> Strategie: So drücken Sie Ihre Wünsche und Bedürfnisse aus

- Machen Sie sich zuerst klar, was Sie wollen, und sagen Sie innerlich Ja zu Ihrem Wunsch.
- Gehen Sie vor dem Gespräch in Ihre königliche Muthaltung. So strahlen Sie eine ruhige Gelassenheit aus.
- Drücken Sie Ihre Interessen als Bitte aus. Beginnen Sie beispielsweise mit den Worten:
  - »Ich möchte bitte …«
  - »Kannst du bitte …«
  - »Könnten Sie bitte für mich …?«
  - »Ich wünsche mir in Zukunft, dass …«
  - »Für mich wäre es eine Erleichterung, wenn du bitte …«
- Geben Sie bitte keine langen Erklärungen ab. Eine kurze Begründung reicht völlig.
- Versuchen Sie nicht die Antwort des anderen vorwegzunehmen. Sagen Sie nicht so etwas wie: »Wahrscheinlich haben Sie keine Zeit.« Oder: »Das wird dir nicht gefallen, aber …«
- Rechtfertigen Sie sich nicht für Ihre Bitte.

Bei jedem Gespräch ist es wichtig, den richtigen Zeitpunkt zu wählen. Wenn Sie beispielsweise Ihren Partner bitten, beim Einkaufen doch einen Liter Milch mitzubringen, dann können Sie das zwischen Tür und Angel machen, während er sich gerade die Jacke anzieht. Dreht sich Ihr Wunsch aber darum, dass er mehr mit Ihnen unternimmt, statt immer nur fernzusehen, ist es sicher nicht der richtige Zeitpunkt, wenn er auf dem Sprung ist und das Haus verlässt oder seinen Autoschlüssel sucht. Sie brauchen für so eine Bitte die volle Aufmerksamkeit Ihres Gesprächspartners. Bei sehr wichtigen Themen lohnt sich sogar, dass Sie extra einen Termin vereinbaren, wann Sie gemeinsam darüber reden werden.

Wie Ihre Bitte besser ankommt

Sie können nicht bestimmen, wie Ihr Gesprächspartner auf Ihre Bitte antwortet. Der andere hat das gleiche Recht, das Sie auch haben, wenn jemand SIE um etwas bittet. Ihr Gegenüber kann zu Ihrer Bitte Ja oder Nein sagen. Oder zuerst in Ruhe darüber nachdenken. Allerdings können Sie einiges dafür tun, damit die Verständigung klappt und Ihre Bitte erfüllt wird.

Ihre Bitte landet bei Ihrem Gesprächspartner wahrscheinlich eher auf fruchtbarem Boden, wenn Sie

- in einem sachlichen, ruhigen Tonfall sprechen,
- höfliche und freundliche Worte benutzen,
- sich ohne Umschweife, knapp und präzise ausdrücken,
- ein mögliches Nein akzeptieren, ohne deswegen gleich böse oder beleidigt zu sein.

Sie lösen hingegen bei Ihrem Gesprächspartner Widerstand aus, wenn Sie

- in einem jammernden oder vorwurfsvollen Tonfall sprechen,
- einen Befehl erteilen, statt zu bitten,
- den anderen unter Druck setzen oder ihn erpressen,
- sich für Ihre Bitte entschuldigen.

Es gibt natürlich keine Garantie dafür, dass Sie in jeder Situation bekommen, worum Sie bitten. Denn schließlich haben Ihre Mitmenschen auch eigene Interessen und Wünsche. Aber falls Sie mal ein Nein kassieren – und das kann immer mal passieren –, denken Sie daran, das Ganze nicht persönlich zu nehmen. Nicht Sie wurden abgelehnt, sondern nur Ihre Bitte! Auch wenn Ihr Gegenüber Nein sagt, muss das Ihre Beziehung zueinander nicht stören.

Vertreten Sie Ihre Interessen hartnäckig

Bevor Sie sich mit einem Nein zufriedengeben, sollten Sie sich allerdings ein wenig hartnäckig zeigen. Eher zurückhaltende Menschen werfen zu schnell die Flinte ins Korn – es kostete so viel Überwindung, um einen Herzenswunsch zu bitten. Kommt als Antwort ein Nein, begraben viele den Wunsch wieder. Ein großer Fehler! Der Wunsch ist Ihnen wichtig? Bleiben Sie dran! Genauso, wenn Sie als Antwort von Ihrem Gesprächspartner zwar ein Ja erhalten haben, aber dann nichts passiert.

Mein Tipp: Wiederholen Sie Ihre Bitte. Und fragen Sie den anderen, was ihn gehindert hat, Ihre Bitte zu erfüllen. Vielleicht gibt es ein Problem, das zuerst aus dem Weg geräumt werden muss. Aber es kann auch sein, dass Ihr Gegenüber Ihre Bitte schlicht und einfach vergessen hat. Deshalb: Geben Sie nicht auf, bevor Sie nicht hartnäckig waren.

Bleiben Sie standhaft

Was jeder Werbefachmann weiß, gilt natürlich auch für Sie: Die Botschaft muss häufig wiederholt werden, damit sie auch tatsächlich beim anderen ankommt.

Alles, was Sie brauchen, ist ein wenig Mut. Den Mut, sich zu wiederholen. Und den Mut, nicht immer nett zu sein, sondern auch mal zäh und unnachgiebig aufzutreten. Jedenfalls so lange, bis der andere merkt, dass Sie standhaft sind und es wirklich ernst meinen.

Erfahrungsbericht

Hartnäckigkeit lohnt sich

Natascha sprach mit ihrem Chef, weil sie in einen anderen Büroraum umziehen wollte. Als sie ihren Job in der Firma angetreten hatte, war sie mit ihrem Schreibtisch in einem Durchgangszimmer gelandet, in dem auch der Fotokopierer stand. Damals hieß es, das sei nur vorübergehend. Aber jetzt waren schon acht Monate vergangen. Und das Durchgangszimmer nervte Natascha sehr. Sie wurde oft gestört, weil andere Mitarbeiter dort kopierten und sich dabei mit ihr unterhielten. Natascha wollte endlich ungestört in einem richtigen Büroraum arbeiten. Als sie ihren Chef darauf ansprach, wimmelte er sie ab. Er hörte ihr nur sehr kurz zu und sagte dann, er würde sich darum kümmern, wenn er mal Zeit hätte. Daraufhin ist nichts passiert. Natascha war jetzt wirklich sauer und wusste nicht mehr weiter.

Natascha wollte eigentlich aufgeben, aber ich riet ihr zu etwas anderem. Sie war selbstsicher genug, ihren Chef anzusprechen und ihre Bitte vorzutragen. Was ihr noch fehlte, war schlicht Ausdauer.

>> **Strategie:** Die charmante Hartnäckigkeit

- Machen Sie sich vor dem Gespräch klar, dass Sie das Recht haben, beharrlich für das einzutreten, was Sie wollen.
- Gehen Sie in eine würdevolle Körperhaltung.
- Machen Sie Ihrem Gegenüber keine Vorwürfe. Fragen Sie nur danach, warum Ihre Bitte bisher nicht erfüllt wurde.

- Hören Sie Ihrem Gesprächspartner genau zu.
- Sagen Sie Ihrem Gegenüber, dass Ihnen diese Bitte wichtig ist. Und wiederholen Sie sie.
- Falls Ihr Gesprächspartner viele Gegenargumente vorbringt oder über etwas ganz anderes spricht, wiederholen Sie Ihre ursprüngliche Bitte noch einmal. Wenn nötig erklären Sie auch noch einmal die Gründe, warum die Angelegenheit für Sie so viel Bedeutung hat.

Das Entscheidende an dieser Strategie ist, dass Sie dabei gelassen bleiben. Denn die Ruhe, die Sie ausstrahlen, zeigt Ihrem Gegenüber, dass es Ihnen überhaupt nicht peinlich ist, sich zu wiederholen und die gleiche Sache immer wieder anzusprechen. Damit signalisieren Sie zugleich, dass Ihnen diese Hartnäckigkeit keinerlei Mühe macht. Und dass Sie das Ganze notfalls jahrelang durchhalten könnten … Außerdem geben Sie dem anderen keinen Anlass zum Streiten. Sie werden nicht dramatisch. Sie greifen den anderen nicht an. Sie sind wie ein ruhiger, steter Tropfen, der langsam den Stein aushöhlt.

Leave it – erkennen Sie den Moment, um loszulassen

Aber selbst diese ruhige Hartnäckigkeit ist keine hundertprozentige Garantie dafür, dass Sie immer alles bekommen, was Sie wollen. Wenn Ihre Ausdauer Sie nicht voranbringt, dann gibt es einen Punkt, an dem Sie merken, dass das Ganze sinnlos wird. Wenn Sie diesen Punkt erreicht haben, hören Sie besser auf. Hartnäckig sein und loslassen können sind zwei Seiten derselben Münze. Wenn eine Sache aussichtslos ist, dann lassen Sie sie los.

Sie müssen mit Ihrem Kopf nicht ständig gegen eine Wand laufen. Aber ob etwas machbar ist oder nicht, wissen Sie erst, nachdem Sie lange genug hartnäckig waren!

Bevor Sie endgültig aufgeben, können Sie noch überlegen, ob es einen Ausweg gibt, an den Sie bisher noch nicht gedacht haben. Die folgenden drei Fragen helfen Ihnen in eine neue Richtung zu denken:

- Können Sie das, was Sie wollen, woanders – bei anderen Menschen, in einer anderen Firma, an einem anderen Ort – bekommen? Wo könnte das sein?
- Könnten Sie irgendetwas tun, um mehr Macht zu bekommen, um sich so doch noch durchzusetzen?
- Gibt es etwas, was noch viel besser wäre als das, was Sie bisher wollten? Und wie könnten Sie das Bessere durchsetzen?

Wenn selbst diese neuen Überlegungen für Sie nicht funktionieren, dann ist es Zeit, die Sache aufzugeben.

Was können Sie erreichen?

Kombinieren Sie Ihre Hartnäckigkeit mit Flexibilität. Seien Sie bereit, zunächst das zu nehmen, was Sie jetzt kriegen können, und halten Sie zugleich an dem fest, was Sie langfristig erzielen wollen.

Erfahrungsbericht

Kompromisse helfen weiter

Natascha (aus dem Erfahrungsbericht von Seite 41) fragte mich, wie oft sie hartnäckig bei ihrem Chef nachfragen sollte, um einen besseren Büroraum zu bekommen. Ich habe ihr geantwortet, dass das eine reine Gefühlssache ist. In den Gesprächen mit ihrem Chef kann sie heraushören, ob es wirklich keinen anderen Platz in der Firma für sie gibt. Wenn etwas tatsächlich nicht geht, dann geht es nicht. Aber immer wenn sie den Verdacht hat, dass sie nur abgewimmelt wird, dann lohnt sich das hartnäckige Nachfragen.

Ich empfahl Natascha, einen Kompromisswunsch zu entwickeln. Denn möglicherweise gab es in der Firma zu diesem Zeitpunkt tatsächlich keinen besseren Büroraum für sie. Aber dennoch könnte es eine Art Zwischenlösung geben. Für Natascha war schnell klar, was das wäre: Sie wollte wenigstens, dass der Fotokopierer woanders hingestellt wurde. Das war ihr Kompromisswunsch.

Sie redete noch einmal mit ihrem Chef. Und jetzt hatte sie mehr Erfolg. Der Kopierer wurde noch am selben Tag woanders aufgestellt. Und sie bekam die feste Zusage, einen Schreibtisch in einem größeren Raum zu bekommen. Das würde aber erst am Ende des Jahres klappen, wenn ein Kollege pensioniert würde.

Natascha war zwar noch nicht ganz zufrieden, aber jetzt hatte sie mehr erreicht als zuvor. Zugleich hatte sie eine einfache Selbstbehauptungsstrategie erfolgreich ausprobiert, die sie immer wieder einsetzen konnte: die gelassene Hartnäckigkeit.

Was tun, wenn der Gesprächspartner abschweift?

Manche Menschen neigen dazu, alle Gedanken auszusprechen, die ihnen durch den Kopf gehen. Das kann für Sie durchaus zum Problem werden. Besonders, wenn Sie eine bestimmte Sache besprechen wollen, aber Ihr Gegenüber sich beim Reden völlig verzettelt und vom Hölzchen aufs Stöckchen kommt. Während der andere redet und redet, warten Sie darauf, endlich auch einmal zu Wort zu kommen. Das ist besonders ärgerlich, wenn Sie wenig Zeit haben oder unter Druck stehen, beispielsweise bei einer Wohnungsbesichtigung.

Wenn das Abwarten nicht mehr hilft

Stellen Sie sich die folgende Situation vor: Die Wohnung, die Sie sich anschauen, ist interessant. Und der Hausbesitzer nimmt sich persönlich Zeit, um sie Ihnen zu zeigen. Der Herr ist sehr nett, aber leider auch in Plauderstimmung. Natürlich wissen Sie auch, wie man Smalltalk macht, und deshalb schwatzen Sie ein wenig mit ihm. Aber die ganze Angelegenheit gerät außer Kontrolle. Sie sind bereits seit fast einer Stunde in der Wohnung und wissen noch nicht einmal, wie hoch die Nebenkosten in dieser Wohnung sind, ob hier noch alles renoviert wird und wann Sie einziehen könnten. Gesprächstechnisch kriegen Sie einfach kein Bein auf die Erde. Was können Sie tun?

Ich zeige Ihnen hier, wie Sie, ohne schroff zu werden, Ihre Interessen wieder ins Gespräch bringen können: Vergegenwärtigen Sie sich zuerst, was Sie wollen. Bereiten Sie sich auf wichtige Gespräche immer vor. Erstellen Sie eine Liste von Fragen und Wünschen. Das ist Ihr roter Faden. Anschließend suchen Sie nach einer Lücke im Gesprächsfluss. Das ist der Moment, in dem Ihr Gesprächspartner kurz innehält, vielleicht um einen neuen Satz zu formulieren oder auch nur um Luft zu schnappen. Genau an dieser Stelle übernehmen Sie das Gespräch, und zwar mit einer Überleitung. Die folgende Strategie zeigt Ihnen, wie Sie das ohne großen Aufwand hinbekommen.

>> Strategie: So lenken Sie ein Gespräch in eine andere Richtung

- Gehen Sie in Ihre königliche Muthaltung und strahlen Sie eine ruhige Würde aus.
- Nutzen Sie die nächste kurze Redepause des anderen und lenken Sie das Gespräch in Ihre Richtung.
- Benutzen Sie dabei höfliche Worte. Sie können das beispielsweise so formulieren:

- »Verzeihen Sie, aber mir fällt gerade ein, dass wir noch nicht über die Nebenkosten gesprochen haben. Wie hoch sind eigentlich die monatlichen Heizkosten?«
- »Entschuldigung, dass ich Sie unterbreche. Mir liegt da noch eine wichtige Sache am Herzen. Und zwar habe ich folgende Bitte an Sie: Wäre es möglich, dass ...«
- »Bevor wir jetzt länger über dieses Thema reden, möchte ich noch einen ganz anderen Punkt ansprechen. Für mich ist es besonders wichtig, dass ...«
- »Bevor ich es vergesse, ich habe mir hier noch eine ganz wichtige Frage notiert, und zwar ...«
- »Könnten wir das Thema bitte kurz zurückstellen? Ich habe noch einen Wunsch an dich, der mir sehr wichtig ist. Könntest du bitte ...«

- Wenn Sie Ihr Thema, Ihre Fragen oder Wünsche ausgesprochen haben, dann bleiben Sie am Ball. Reden Sie darüber, bis alles geklärt ist.
- Falls Ihr Gegenüber wieder abschweift, können Sie die Strategie wiederholen und mit einer kurzen überleitenden Bemerkung zurück auf Ihr Thema kommen.

Diese Strategie kann Ihnen auch helfen, wenn Sie das Thema nicht mögen, über das Ihr Gegenüber gerade redet. Machen Sie eine kurze Überleitung und wechseln Sie dann zu einem Thema, das Sie interessiert und auch zum Plaudern anregt.

Vielleicht haben Sie es schon gemerkt: Auch das Steuern eines Gespräches erfordert eine gewisse Hartnäckigkeit. Statt immer nur auf das einzugehen, was der andere sagt, stellen Sie Ihre Interessen auch in den Mittelpunkt. Gespräche sind immer ein Zusammenspiel von zwei oder mehreren Menschen. Im Idealfall ist allen Beteiligten klar, worum es geht, und alle bleiben beim Thema. Wenn das mal nicht so gut klappt, können Sie den Gesprächsverlauf beeinflussen. Tun Sie das, ohne jemanden dabei zu brüskieren.

Von der Kunst, Nein zu sagen

In meiner Arbeit als Kommunikationstrainerin habe ich immer wieder festgestellt, dass diejenigen, die sich davor fürchten, ein Nein von anderen zu kassieren, auch selbst schlecht Nein sagen können.

Wie ist es mit Ihnen? Fällt es Ihnen schwer, die Wünsche anderer Menschen abzulehnen? Der kleine Test auf Seite 50 hilft Ihnen, sich bewusst zu werden, ob das Neinsagen für Sie ein Problem ist. Sie merken auch, **WAS GENAU** Ihnen dabei schwerfällt.

2

Wenn Sie zu selten Nein sagen

Wenn Sie ein wichtiges neues Projekt in Ihr Leben holen, werden Sie zwangsläufig Nein zu einigem anderen sagen. Denn nur so schaffen Sie genügend Platz und Zeit für das Neue. Ein Kind bekommen, ein Haus bauen, eine Firma gründen oder einen Angehörigen pflegen – das alles geht nur, wenn Sie dafür mindestens eine, wenn nicht sogar zwei Hände freihaben. Sie müssen sich dann vom Image der hilfsbereiten, immer Ja sagenden, netten Frau verabschieden. Keine Angst: Sie brauchen dafür nicht ins Gegenteil verfallen und nur noch mürrisch alle vor den Kopf stoßen. Sie können wählen. Sie sagen Ja, wenn Sie es für richtig halten, und Nein, wenn Ihnen etwas nicht passt. Aber um das hinzubekommen, darf das Neinsagen für Sie kein Problem mehr sein! Denn ohne ein klares Nein laufen Sie Gefahr, sich zu überfordern und langfristig auszubrennen. Ihr Körper sagt dann irgendwann für Sie Nein und wird krank.

Ihr Ja und Ihr Nein sind zwei Seiten einer Münze. Wer Ja sagt, muss auch Nein sagen können. Da aber das Ja für viele Menschen kein Problem ist, dreht sich dieses Kapitel nur ums Neinsagen.

Erfahrungsbericht

Nicht nur die anderen

Lisa gehörte zu den Frauen, die immer hilfsbereit sind. Sie hatte einige Tage bis neun Uhr abends gearbeitet, weil mehrere Kollegen gleichzeitig erkrankt waren. Jetzt merkte sie deutlich, dass sie das freie Wochenende brauchte, um sich zu erholen. Am späten Freitagabend rief unerwartet eine Freundin an. Und die klang am Telefon ein wenig verzweifelt. Am nächsten Morgen wollte sie umziehen, aber zwei ihrer Helfer hatten ihr kurzfristig abgesagt. Jetzt war nur noch einer da, um mit anzupacken, aber das war für den geplanten Umzug zu wenig. Lisa ahnte schon, was da auf sie zukam. Und tatsächlich, die Freundin fragte, ob sie beim Umzug am nächsten Morgen mithelfen könnte. Jetzt war Lisa in der Zwickmühle. Das hieß für sie, dass der Sonnabend nicht mehr frei war. Sie konnte nicht ausschlafen und sich erholen. Stattdessen würde sie stundenlang treppauf und treppab schwere Kisten und Möbel schleppen. Dazu hatte Lisa überhaupt keine Lust. Aber konnte sie jetzt Nein sagen und ihre Freundin so einfach hängen lassen? Allein der Gedanke, Nein zu sagen, machte ihr schon ein schlechtes Gewissen. Lisa sagte Ja. Aber sofort nachdem sie den Telefonhörer aufgelegt hatte, war sie wütend auf sich selbst. Ihre Freundin bekam, was sie brauchte, Lisa nicht.

Erlauben Sie sich, Grenzen zu ziehen

Nein sagen zu können – das ist vor allem eine Einstellungssache. Es fängt damit an, dass Sie sich von den Wünschen anderer Menschen abgrenzen können. Und das Recht, sich abzugrenzen, gibt Ihnen niemand – das nehmen Sie sich selbst.

AUF EINEN BLICK

So können Sie selbstsicher zu Ihrem Nein stehen

- Sie sind nicht auf der Welt, um Ihre Mitmenschen ständig zufriedenzustellen.
- Sie haben ein Recht auf Ihr Nein. Genauso, wie andere Menschen auch ein Recht auf ihr eigenes Nein haben.
- Es ist vollkommen in Ordnung, wenn Sie merken, dass Sie etwas nicht wollen oder etwas nicht mögen.
- Sie dürfen sich abgrenzen und damit gut für sich selbst sorgen.
- Ein Nein ist keine Beleidigung, sondern einfach nur ein Nein.
- Sie haben das Recht, die Bitte anderer Menschen abzulehnen, ohne sich dafür schuldig zu fühlen.
- Sie haben das Recht, Nein zu sagen und sich dann KEINE Gedanken darüber zu machen, wie der andere sich jetzt fühlt.
- Sie haben das Recht, Ihr Nein hartnäckig zu wiederholen, falls es nicht gleich akzeptiert wird.
- Es ist vollkommen in Ordnung, wenn Sie Nein sagen und sich dabei wohlfühlen.

2

Lassen Sie sich nicht alles gefallen!

Vielleicht gab es in Ihnen bisher die vage Befürchtung, Sie könnten mit Ihrem Nein eine wichtige Beziehung zerstören. Tatsächlich sieht die Sache anders aus. Ihr Nein ist sehr WICHTIG, um GUTE BEZIEHUNGEN herzustellen und zu erhalten. Ob nun unter Kollegen am Arbeitsplatz oder in der Familie – Ihre Mitmenschen müssen wissen, was Sie nicht mögen und wo Ihre Grenzen sind.

Sie möchten nicht, dass sich Ihre Tochter – ohne vorher zu fragen – eine Ihrer Armbanduhren nimmt und sie dann in der Schule trägt. Sagen

Haben Sie Probleme mit dem Neinsagen?

Stellen Sie fest, welche dieser Aussagen auf Sie zutreffen: Ist das Neinsagen für Sie schwierig oder fällt es Ihnen sogar leicht? Bitte prüfen Sie auch genau, auf welche Aussagen Sie mit »stimmt« geantwortet haben. Genau hier verbergen sich die Bereiche, bei denen Sie am meisten Probleme mit dem Neinsagen haben. Denn es kann gut sein, dass es Ihnen in manchen Zusammenhängen leichtfällt, in anderen Situationen aber sehr schwer.

	stimmt	stimmt nicht
Ich sage oft Ja, obwohl ich weiß, dass ich eigentlich Nein sagen müsste.	○	○
Ich druckse oft lange herum, bevor ich Nein sage.	○	○
Ich habe häufig Schuldgefühle, wenn ich Nein sage.	○	○
Ich habe Angst davor, dass andere Leute auf mich wütend sind, wenn ich ihre Bitte ablehne.	○	○
Wenn ich Nein sage zu einem Menschen, den ich liebe, komme ich mir egoistisch und kaltherzig vor.	○	○
Ich glaube, dass andere Leute sich von mir abwenden, wenn ich häufig Nein sage.	○	○
Wenn ich mal Nein sage, denke ich lange darüber nach, ob das auch richtig war.	○	○
Wenn ich Nein sage, sind andere Leute enttäuscht von mir, und das mag ich nicht.	○	○
Ich suche häufig nach Ausreden, um nicht Nein sagen zu müssen.	○	○
Manchmal schaffe ich es, eine Bitte abzulehnen, wenn ich zu viel zu tun habe. Aber wenn jemand hartnäckig ist, lasse ich mich doch wieder umstimmen und sage schließlich Ja.	○	○

Sie ihr das deutlich. Sagen Sie Nein. Sie mögen es nicht, wenn Ihr Kollege mal schnell im Vorbeigehen einen Schluck aus ihrem frisch gefüllten Kaffeebecher nimmt. Auch wenn er dabei sehr charmant ist, setzen Sie ihm eine klare Grenze und sagen Sie Nein zu ihm.

Ihre beste Freundin will, dass Sie unbedingt mit ihr zu einem Trommelworkshop gehen. Ein ganzes Wochenende herumtrommeln – das kommt für Sie im Moment nicht infrage. Auch wenn die Freundin noch so sehr bettelt, sagen Sie ihr, dass Sie nicht mitkommen werden.

Und denken Sie daran: Ihr Nein ist keine Beleidigung. Sie weisen damit nicht die andere Person zurück, sondern nur die Sache, die sie von Ihnen verlangt.

>> **Strategie:** So sagen Sie deutlich und freundlich Nein

- Sprechen Sie aus Ihrer königlichen Muthaltung heraus. Das gibt Ihnen mehr Kraft und Sie wirken selbstsicher.
- Drucksen Sie beim Neinsagen nicht herum und machen Sie auch nicht allzu viele Worte.
- Sprechen Sie in einem sachlichen, selbstverständlichen Tonfall, als würden Sie Ihrem Gegenüber das Datum und die Uhrzeit nennen.
- Sie können Ihr Nein etwa so formulieren:
  - »Nein. Das möchte ich nicht.«
  - »Nein danke!«
  - »Stopp mal, Steffen! Das mag ich nicht. Das ist mein Kaffee. Hol dir bitte selbst einen.«
  - »Danke, dass du mich gefragt hast, aber ich komm nicht mit zu dem Trommelworkshop.«
- Stellen Sie sich innerlich darauf ein, Ihr Nein zu wiederholen, falls Ihr Gegenüber nicht sofort begreift, dass Sie hier eine Grenze gesetzt haben. Bleiben Sie dabei ruhig und sachlich.

Um Nein zu sagen, müssen Sie keinesfalls laut oder hart werden. In den allermeisten Fällen ist es sehr viel besser, wenn Sie freundlich, aber zugleich bestimmt reden. Ich möchte Ihnen hier wieder ein paar Formulierungen anbieten, die Ihnen zeigen, wie ein freundliches und zugleich entschiedenes Nein klingen kann.

So mildern Sie Ihr Nein ab

Wenn Sie Ihren Gesprächspartner auf keinen Fall kränken wollen, können Sie Ihr Nein abmildern, damit es nicht so hart klingt. Am Arbeitsplatz ist es manchmal cleverer, beim Neinsagen auch gleichzeitig zu zeigen, dass Sie kooperativ sind. Schließlich wollen Sie nicht bockig sein oder die Arbeit verweigern. Sie wollen nur selbstsicher Ihre Interessen vertreten. Letztlich sagen Sie natürlich auch hier sehr deutlich Nein. Aber Sie lassen Ihr Gegenüber nicht im Regen stehen, sondern bieten Sie Ihre Hilfe an. Die nachfolgenden Beispiele zeigen Ihnen, wie Sie ein Nein mit Ihrer Hilfsbereitschaft kombinieren können.

>> Strategie: Kooperativ Nein sagen

KOMBINIEREN SIE IHR NEIN MIT EINEM TIPP ODER EINEM RATSCHLAG

- »Nein, tut mir leid, aber ich habe dafür keine Hand frei. Wie wäre es, wenn Sie …« (Jetzt kommt Ihr Tipp.)
- »Nein, ich kann dir die Arbeit nicht abnehmen. Aber du könntest dir die Sache erleichtern, indem du …« (Hier kommt jetzt Ihr Tipp.)

SAGEN SIE NEIN UND BIETEN SIE AN, GEMEINSAM ÜBER DAS PROBLEM NACHZUDENKEN

- »Nein, das muss ich leider ablehnen. Aber mir ist trotzdem wichtig, dass Sie das geregelt bekommen. Lassen Sie uns kurz gemeinsam überlegen, wie Sie das OHNE MICH in den Griff kriegen.«

- »Nein, ich kann dir dabei nicht helfen. Es gibt sicherlich noch andere Möglichkeiten, wie du das allein schaffen kannst. Mal sehen, was uns dazu einfällt.«

SAGEN SIE NEIN MIT EINER ZEITLICHEN EINSCHRÄNKUNG

- »Nein, diese Woche geht leider gar nichts mehr. Aber ab Dienstag kommender Woche sieht es bei mir besser aus.«
- »Nein, jetzt bin ich gerade mit Arbeit vollgepackt. Außer Komplimenten kann ich im Moment nichts mehr annehmen. Was immer du von mir willst – bitte sprich mich übermorgen darauf an.«

KOMBINIEREN SIE IHR NEIN MIT EINEM KOMPROMISSVORSCHLAG

- »Nein, wenn das alles an mir hängen bleibt, muss ich leider absagen. Aber wie wäre es, wenn wir die Sache gerecht unter uns aufteilen? Die Hälfte davon könnte ich übernehmen.«
- »Nein, so wie du dir das wünschst, wird das leider nichts. Ich kann dir aber etwas entgegenkommen, wenn du mir dafür im Gegenzug beim Entrümpeln der alten Aktenordner hilfst.« (Wichtig: Sagen Sie das nur, wenn Sie eine konkrete Zusage und einen konkreten Termin von Ihrem Gesprächspartner genannt bekommen!)

Rechnen Sie damit, dass Ihre Gesprächspartner ihre Strategie ändern, wenn Sie häufiger einen Wunsch ablehnen. Gut funktioniert es zum Beispiel, »ausnahmsweise« um Hilfe zu bitten.

Bevor Sie nun doch widerwillig Ja sagen, überprüfen Sie kurz, ob ein echter Notfall vorliegt oder ob es sich um eine Überrumpelungstaktik (→ Seite 55) handelt. Sagen Sie, dass Sie zuerst in Ruhe nachdenken wollen und dann erst antworten werden. Denn solange der andere vor Ihnen steht oder sitzt, können Sie sich nicht frei entscheiden. Suchen Sie sich einen ruhigen Ort. Und dort fragen Sie sich, was SIE wollen.

Akzeptieren Sie die Gefühle anderer Menschen

Um selbstsicher Nein zu sagen, ist es wichtig, dass Sie sich nicht vor der Reaktion Ihres Gesprächspartners fürchten. Denn egal, wie freundlich und kooperativ Sie sind, letztlich ist es ein Nein. Der andere bekommt nicht, was er (oder sie) will. Das kann bei Ihrem Gesprächspartner durchaus Enttäuschung auslösen oder Traurigkeit, vielleicht auch Ärger. Alle diese Gefühle sind in Ordnung und dürfen da sein. Sie müssen nicht alles wiedergutmachen und Ja sagen, nur weil der andere sich schlecht fühlt.

Es ist aber auch ebenso gut möglich, dass Ihr Gegenüber für Ihre Ablehnung Verständnis hat. Oder dass es Sie sogar bewundert, weil Sie so klar Nein sagen können.

Vom Wünschen zur klaren Ansage

In diesem Kapitel ging es darum, wie Sie selbstsicher Ihre Interessen vertreten können. Dazu gehört, dass Sie eine Bitte klar aussprechen und zugleich auch anderen Menschen eine Grenze setzen können. Denn zu einem »Ja, das möchte ich« gehört auf der Rückseite auch ein »Nein, das will ich nicht«. Weil Sie deutlich Nein sagen können, fällt es Ihnen auch leichter, das Nein anderer Menschen zu akzeptieren, wenn die wiederum eine Bitte von Ihnen ablehnen.

Damit haben Sie bereits den wichtigsten Teil Ihrer Selbstsicherheit erobert. Jetzt kommen wir zu den schwierigen Gesprächen. Situationen, die Ihnen immer wieder begegnen – beispielsweise wenn Ihr Gesprächspartner Sie nicht zu Wort kommen lässt. Oder wenn Sie sich sehr über das Verhalten eines anderen Menschen ärgern, aber nicht wissen, wie Sie ihm das sagen können. Diese Probleme begegnen Ihnen immer wieder – im Alltag und auch im Beruf. Die besten Strategien, um sie zu lösen, finden Sie im nächsten Kapitel.

ERSTE HILFE

Lassen Sie sich nicht überrumpeln

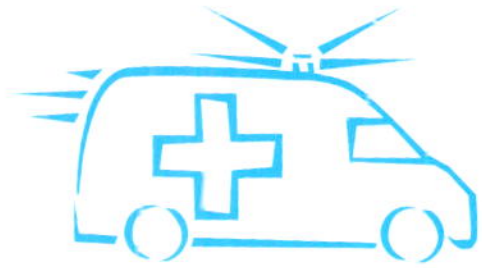

Falls Ihr Gesprächspartner versucht, Sie unter Druck zu setzen, oder besonders schnell von Ihnen ein Ja hören will, dann helfen Ihnen die folgenden Tipps, die sich im Handumdrehen umsetzen lassen:

- Zeigen Sie Ihre Selbstsicherheit: Gehen Sie in Ihre königliche Muthaltung.
- Verschaffen Sie sich Platz: Rücken Sie ein wenig vom anderen ab, sodass Ihr Gegenüber Sie nicht bedrängen kann.
- Geben Sie keine vorschnelle Antwort: Lassen Sie sich nicht in etwas einwickeln, was Sie im Moment noch nicht überschauen können. Antworten Sie noch nicht auf das Drängen des anderen.
- Verschaffen Sie sich Bedenkzeit: Statt übereilt Ja oder Nein zu sagen, sorgen Sie für eine Pause, um nachdenken zu können. Das können Sie dem anderen auch sagen, etwa mit diesen Worten:
    - »Darüber möchte ich zuerst einmal nachdenken. Ich sag dir in zehn Minuten Bescheid.«
    - »Bevor ich zustimme, möchte ich in Ruhe überlegen. Ich rufe Sie heute Nachmittag deswegen an.«
    - »Bevor ich mich darauf einlasse, brauche ich ein wenig Bedenkzeit.«
    - »Darüber möchte ich eine Nacht schlafen. Ich sag dir morgen, wie meine Entscheidung aussieht.«
- Vorsicht, wenn Ihr Gegenüber Ihre Bedenkzeit nicht akzeptiert! Es könnte sein, dass Sie jetzt sehr manipuliert werden (→ Seite 53).

3 Souverän bleiben, auch wenn es schwierig wird

→ Was tun Sie, wenn ein Gespräch nicht so läuft, wie Sie es erwarten? Oder wenn Ihr Gegenüber versucht, Sie aus dem Konzept zu bringen? Hier finden Sie die besten Strategien, um mit Vielrednern und Unterbrechern fertig zu werden. Sie erfahren auch, wie Sie Ihrem Gegenüber etwas Unangenehmes sagen können – und wie Sie bei all dem ganz gelassen bleiben.

Schwierige Gespräche
gibt es überall

Woran scheitern auch die selbstsichersten Menschen immer wieder? An Leuten, die ohne Punkt und Komma reden. Und an denjenigen, die einem immer ins Wort fallen und andere nie ausreden lassen. Aber am häufigsten gehen Gespräche schief, wenn es darum geht, Kritik zu äußern und dem anderen zu sagen, was einen stört.

Ich zeige Ihnen hier, wie Sie mit diesen Problemfällen fertig werden, ohne dass Sie die Fassung verlieren oder im Gespräch den Kürzeren ziehen. Dabei gilt es auch, im Auge zu behalten, wie Sie die Situation lenken und damit Ihre Interessen ins Spiel bringen können.

Zuerst ist es wichtig, dass Sie überhaupt zu Wort kommen. Das kann nämlich schwierig werden, wenn Sie mit einem Menschen reden, der Sie – salopp gesagt – vollquatscht. Dazu gehört auch, dass Ihnen niemand ins Wort fällt, während Sie noch sprechen. Sie können vielleicht nicht immer verhindern, dass jemand versucht, Sie zu unterbrechen, aber gefallen lassen müssen Sie sich das nicht. Übrigens: Aufregen müssen Sie sich deswegen auch nicht. Auf den nächsten Seiten finden Sie wirksame Strategien, mit denen Sie elegant und souverän Ihr Rederecht verteidigen.

Dabei kommt es vor allem darauf an, dass Sie Ihren Mitmenschen sagen können, was Sie stört. Das gilt umso mehr, wenn Sie eher harmoniebedürftig sind und dazu neigen, alles Störende unter den Teppich zu kehren. Denn verdrängter Ärger verschwindet leider nicht. Im Gegenteil, er wird mit der Zeit zu einem echten Gift! Ob im Privatleben oder im Job – jede verschwiegene Unstimmigkeit belastet die Beziehung.

Aber dass muss nicht sein. Ich erkläre Ihnen, wie Sie das Störende ruhig ansprechen. Ohne dabei den anderen zu verletzen. Und Sie erfahren auch, wie Sie mit Ihrem Ärger umgehen können, damit er nicht zerstörerisch wirkt. Eine Spielart des »großen Ärgers« ist sicherlich das Reklamationsgespräch. Auch dafür gibt es einfache Tipps, die Ihnen helfen, sich durchzusetzen, selbst wenn Ihr Gegenüber Ihre Kritik zunächst nicht annimmt oder einen Umtausch ablehnt.

Hilfe, ich komme nicht zu Wort!

Es gibt Menschen, die gern lange reden. Das ist im Prinzip vollkommen in Ordnung. Allerdings gibt es noch eine andere Sorte von Menschen, die insgesamt etwas stiller ist. Diese Menschen denken länger nach, bevor sie das Wort ergreifen, und behalten so manchen Gedanken lieber für sich. Auch das ist kein Problem. Schwierig wird es erst, wenn ein redseliger Mensch auf einen etwas stilleren trifft. In so einem Fall kann es passieren, dass derjenige, der viel redet, das Gespräch total dominiert, während der stillere kaum zu Wort kommt. Auf Dauer kann so ein Ungleichgewicht die Beziehung zweier Menschen erheblich belasten. Ob am Arbeitsplatz, in der Familie oder im Freundeskreis – niemand mag es, in Gesprächen zu kurz zu kommen und immer in der Zuhörerrolle zu verharren.

Stoppen Sie Vielredner

Wenn Sie den Eindruck haben, dass Ihr Gegenüber zu viel redet und das Gespräch dominiert, wird es Zeit, dass Sie Ihr eigenes Gesprächsverhalten ändern. Denn solange Sie passiv sind, hat Ihr Gegenüber das

Gefühl, alles läuft bestens und Sie hören ihm sehr gern zu. Das wirkt auf einen Vielredner wie ein ausgesprochenes Lob, und damit verstärken Sie sein Verhalten.

Um einen redseligen Gesprächspartner zu stoppen, empfehle ich Ihnen, zunächst sanfte Mittel einzusetzen. Erst wenn Sie mit der sanften Tour keinen Erfolg haben, gehen Sie zur nächsten Strategie über, die dann ein wenig nachdrücklicher ist.

>> Strategie: Unterstützen Sie Vielredner nicht

- Stellen Sie Ihre Zuhörsignale ab:
  - Hören Sie auf, mit dem Kopf zu nicken, wenn jemand zu viel redet.
  - Schauen Sie Ihr Gegenüber nicht so interessiert an.
  - Machen Sie keine Bestätigungslaute wie »Aha« oder »Mhm«.
- Senden Sie die typischen Jetzt-bin-ich-dran-Signale:
  - Im Sitzen rücken Sie mit dem Oberkörper ein wenig dichter an den Tisch heran.
  - Im Stehen reicht es, einen Schritt auf Ihr Gegenüber zuzugehen.
- Zeigen Sie Ihre Ungeduld, indem Sie auf die Uhr schauen oder die Körperhaltung öfter verändern.

Diese sanfte Strategie setzt allerdings voraus, dass Ihr Gegenüber Sie anschaut und auf Sie achtet, während es selbst redet. Falls Sie es aber mit einem chronischen Vielredner zu tun haben, kann es Ihnen passieren, dass er Sie kaum beachtet. Denn solche Menschen sind oft mehr in Kontakt mit ihren eigenen Gedanken als mit ihrem Gesprächspartner. Dadurch nehmen sie auch nicht wahr, ob ihnen der andere überhaupt noch zuhören kann. Wenn Sie bei so einem Vielredner Ihre Körpersprache verändern, dann ist das oft wirkungslos. Sie brauchen jetzt zusätzlich ein noch deutlicheres Verhalten, das der andere auch tatsächlich bemerken muss.

Werden Sie von redseligen Gesprächspartnern dominiert?

	nie	manchmal	häufig
Sie hören mehr zu und reden weniger als Ihr Gegenüber.	○	○	○
Ihr Gesprächspartner schaut Sie beim Sprechen selten an, redet dabei aber immer weiter.	○	○	○
Sie hören manchmal gar nicht mehr zu, während Ihr Gesprächspartner einfach immer weiterredet.	○	○	○
Ihnen ist aufgefallen, dass Sie langsamer reden als andere Leute.	○	○	○
Sie haben den Eindruck, manche Leute hören sich selbst gerne reden.	○	○	○
Sie würden Ihren Gesprächspartner gern unterbrechen, trauen sich aber nicht oder wissen nicht, wie Sie das anstellen sollen.	○	○	○
Sie müssen warten, bis Ihr Gegenüber alles gesagt hat, und können nicht bestimmen, wann das Gespräch beendet ist.	○	○	○
Sie können Ihre Ansichten und Meinungen nicht vollständig ausdrücken.	○	○	○
Ihr Gegenüber kommt beim Sprechen ganz von selbst auf immer neue Themen, über die es dann lange redet.	○	○	○
Sie gehen bestimmten Leuten aus dem Weg, weil Sie befürchten, dass die Sie »vollquatschen«.	○	○	○

Geben Sie sich folgende Punkte: nie = 5 Punkte, manchmal = 3 Punkte, häufig = 1 Punkt

Zählen Sie Ihre Punktzahl zusammen: __________ Punkte

Auswertung

40–50 PUNKTE:

Mit geschwätzigen Leuten werden Sie gut fertig. Wer Sie mit langatmigen Ausführungen überreden will, ist bei Ihnen eindeutig an der falschen Adresse. Aber seien Sie dennoch vorsichtig. Vielleicht gehören Sie selbst zu den Vielrednern! Lesen Sie sich die Testfragen noch einmal durch. Falls Sie ein Vielredner sind, hilft nur eins: Fassen Sie sich kurz und lassen Sie Ihr Gegenüber öfter zu Wort kommen.

25–39 PUNKTE:

Sie sind in den meisten Gesprächen gleichberechtigt. Aber Sie könnten durchaus mehr mitbestimmen, wie das Gespräch verläuft. Sie könnten Gespräche auch straffen, indem Sie immer wieder auf das eigentliche Problem zu sprechen kommen.

17–24 PUNKTE:

Es gibt einige Leute in Ihrer Umgebung, die Ihnen gegenüber zu lange reden. Vermeiden lassen sich solche Gesprächspartner auf Dauer nicht. Besser ist es, wenn Sie durch Ihr Gesprächsverhalten dafür sorgen, dass Sie mehr zu Wort kommen. Hören Sie auf zu nicken, wenn Sie dem Gespräch nicht mehr folgen können. Und sagen Sie nicht: »Ach, wie interessant!«, wenn Sie sich langweilen. Sie haben das gleiche Recht wie Ihr Gegenüber, Ihre Meinung auszudrücken und zu sagen, was Sie sich wünschen.

10–16 PUNKTE:

Sie sind in Gesprächen eher zurückhaltend. Das ist vollkommen in Ordnung, solange Sie sich dabei wohlfühlen. Wichtig ist, dass Sie zu Wort kommen, wenn Sie das möchten. Trauen Sie sich ruhig mal, einen Vielredner zu unterbrechen. Und nehmen Sie sich das Recht heraus, ein Gespräch zu beenden, wenn es Ihnen zu lang wird. Sagen Sie Ihre Meinung deutlich und achten Sie darauf, dass Ihre Wünsche oder Ihr Nein von anderen gehört werden.

>> Strategie: So unterbrechen Sie einen Vielredner höflich

- Warten Sie, bis Ihr Gesprächspartner Luft holt, und unterbrechen Sie ihn dann mit einer Entschuldigung. Etwa mit diesen Worten:
  - »Verzeihung, aber bevor ich es vergesse, möchte ich dazu auch etwas sagen. Und zwar …«
  - »Entschuldigung, ich muss da noch dringend etwas loswerden.«
  - »Sorry! Da fällt mir etwas Wichtiges dazu ein.«
- Nachdem Sie den anderen unterbrochen haben, übernehmen Sie sofort das Ruder und sagen das, was Sie sagen wollen.
- Sprechen Sie dabei in einem entschlossenen Tonfall, wenn nötig auch ein klein wenig lauter als Ihr Gegenüber.

Auch Ihre Meinung zählt!

Jemanden beim Reden zu unterbrechen ist immer das letzte Mittel, zu dem Sie greifen sollten. Für den Kontakt zwischen zwei Menschen ist es generell besser, sich gegenseitig ausreden lassen. Aber einen chronischen Vielredner zu unterbrechen, kann durchaus eine Hilfe sein – und zwar für beide Seiten. Denn dadurch regulieren Sie das Gespräch und bringen es auf eine gleichberechtigte Ebene. Und Sie sorgen dafür, dass der andere weiß, was SIE denken und wollen.

Wie man netten Menschen sagt, dass sie viel reden

Nehmen wir einmal an, Sie haben eine gute Freundin, mit der Sie sich prima verstehen. Nur leider hat diese gute Freundin einen kleinen Fehler: Wenn sie einmal so richtig in Fahrt ist, dann redet sie ununterbrochen und findet dabei kein Ende. Sie haben es jedes Mal schwer, das Wort zu ergreifen und ihren Redefluss zu unterbrechen. Und kaum haben Sie einen Gedanken ausgesprochen, ist Ihre Freundin wieder am Zug... Natürlich können Sie alle Tipps und Strategien anwenden, die ich Ihnen bisher vorgestellt habe. Aber Sie haben auch noch eine weitere Möglichkeit: Sie können das Redeverhalten Ihrer Freundin direkt zur Sprache bringen. Wichtig ist, dass Sie dabei taktvoll und freundlich bleiben. Also keine schroffe Attacke nach dem Motto: »Du quasselst mal wieder viel zu viel.« Und auch keine rüde Zurechtweisung wie: »Musst du immer so viel sabbeln? Nie lässt du mich zu Wort kommen.« Beides wirkt verletzend. Dadurch wird die Beziehung nur belastet und nicht verbessert.

Hier sind zwei Vorschläge, wie Sie das Zuvielreden liebevoller ansprechen können, damit Ihr Gegenüber das Feedback auch akzeptiert:

→ »Du, Marie, ich wollte dir mal kurz etwas sagen. Manchmal redest du ziemlich viel, und ich komme dann nicht mehr richtig mit. So wie letztes Mal, als du mir erzählt hast...« (Hier setzen Sie ein Beispiel ein.) »Ist es für dich okay, wenn ich dich einfach mal abbremse?«

→ »Hey, Leslie. Ich hab mir etwas überlegt. Manchmal redest du ziemlich lange und ich komme nicht zu Wort. Wie eben zum Beispiel, als du mir erzählt hast... Können wir nicht irgendein Stoppzeichen verabreden, damit ich auch etwas sagen kann?«

So eine Rückmeldung geht natürlich auch bei Kollegen oder vertrauten Kunden, mit denen Sie häufiger reden. Hier können Sie das Ganze positiv verpacken und sogar mit einem kleinen Kompliment garnieren. Beispielsweise so:

→ »Herr Kramer, Ihnen merkt man immer an, wenn Sie sehr motiviert sind. Sie reden dann sehr leidenschaftlich, ohne Punkt und Komma. Dann ist es für mich manchmal schwierig, auch zu Wort zu kommen. Ich will nicht unhöflich sein, aber darf ich Sie in so einem Fall mal unterbrechen?«

→ »Sven, du weißt über so vieles Bescheid und kannst das auch immer ausführlich erklären. Nur manchmal komm ich dabei ins Schleudern, weil das für mich viel zu viele Informationen sind. Ist es für dich okay, wenn ich dich ab und zu mal unterbreche?«

→ »Frau Neubauer, ich weiß, das ist Ihr Spezialgebiet. Ich finde das, was Sie sagen, sehr wichtig, aber manchmal sind das ein bisschen viele Infos auf einmal für mich. Darf ich Ihnen dann einfach mal ins Wort fallen? Ich will Sie damit nicht abwürgen, sondern nur etwas ergänzen und nachfragen.«

Noch ein wichtiger Hinweis: Machen Sie Ihrem Gesprächspartner nur dann ein Kompliment, wenn Sie den anderen auch tatsächlich in einem guten Licht sehen können. Komplimente, die am Ende nur wie Ironie und Spott wirken, sind nicht angebracht.

Und wählen Sie immer die Worte, die zu Ihnen passen, damit Sie nicht gestelzt klingen. Sprechen Sie Ihren Wunsch, den anderen auch mal unterbrechen zu dürfen, gelassen und selbstverständlich an. Je undramatischer Sie sich ausdrücken, umso leichter fällt es Ihrem Gegenüber, Ihren Vorschlag zu akzeptieren.

Erfahrungsbericht

Strategie gegen Überredungskünstler

Cora arbeitete als Assistentin der Geschäftsleitung in einem großen Möbelkaufhaus. Grundsätzlich konnte sie sich in ihrem Job gut durchsetzen, obwohl sie eher ein stiller Typ war. Das Einzige, was ihr schwerfiel, war der Umgang mit den Kollegen, die viel mehr und schneller redeten als sie. Meistens waren das die Verkäufer, die es gewohnt waren, den ganzen Tag mit den Kunden zu verhandeln. Gerade diese Kollegen versuchten häufiger, Cora mit einem Wortschwall zu überreden, um einen Termin beim Chef zu bekommen oder um eine Abrechnung zu beschleunigen. Cora bemühte sich immer, mit den Kollegen in Ruhe zu reden. Aber meistens sah das Ge-

spräch so aus: Sie sagte ein oder zwei Sätze, und dann redete ihr Gegenüber minutenlang auf sie ein. Cora saß da und ließ den Wortschwall über sich ergehen. Was sie dachte und wollte, konnte sie nicht richtig ausdrücken, weil ihr Gegenüber sie überhaupt nicht zu Wort kommen ließ. Doch sie wusste nicht, wie sie diese Situation verändern sollte.

Was Cora am Ende geholfen hat, war eine Art Stufenplan. Wir entwickelten gemeinsam eine besondere Strategie, durch die sie Schritt für Schritt aus ihrer bisherigen Duldungsstarre herauskam. Diese Strategie bestand aus vier Stufen:

1. *Wenn ein Kollege in Coras Büroraum kam, übernahm sie sofort die Initiative. Zuerst begrüßte sie den Kollegen, und dann leitete sie gleich das Gespräch mit einer knappen Frage ein, etwa: »Was gibt es?« Oder: »Worum geht es?«*
2. *Falls der betreffende Kollege zu schnell und zu viel redete, bremste Cora ihn mit den Worten: »Moment mal! Bitte stoppen Sie kurz, damit ich auch etwas sagen kann.« Und dann übernahm sie wieder das Gespräch. Sie stellte die nötigen Fragen oder äußerte ihre Meinung.*
3. *Cora wartete nicht mehr, bis der Kollege irgendwann von selbst aufhörte zu reden. Sie setzte von sich aus einen Schlusspunkt, indem sie beispielsweise sagte: »Okay, das wäre geklärt. Einen schönen Tag wünsch ich Ihnen.« Oder sie sagte schlicht: »Gut, dann mach ich hier jetzt weiter. Bis dann!« Anschließend drehte sie sich weg und arbeitete weiter.*
4. *Bei einigen sehr redseligen Kollegen setzte sie von vornherein ein Zeitlimit. Sie begrüßte den Kollegen mit den Worten: »Guten Morgen, Herr Meier. Ich habe jetzt fünf Minuten für Sie.« Nach fünf Minuten sagte sie dann: »So, die Zeit ist um. Wir müssen jetzt zum Schluss kommen. Hier wartet noch mehr Arbeit auf mich.«*

Durch diese vier Schritte lernte Cora, ein wenig strenger aufzutreten als bisher. Sie war nicht mehr das nette Mädchen, das man einfach zu irgendetwas überreden konnte. Aber gerade dadurch fingen die Kollegen an, sie wirklich ernst zu nehmen.

Wie Sie sich gegen Unterbrechungen wehren

Es passiert oft sehr schnell: Wir erzählen etwas, und dann – mitten im Satz – fängt der Gesprächspartner an, selbst zu reden. Und wir müssen unsere unausgesprochenen Worte runterschlucken. Manchmal ist das nicht weiter schlimm, weil es um nichts Wichtiges geht. Vielleicht war es nur ein bisschen Smalltalk. Aber es gibt auch Situationen, in denen es uns ärgert, wenn uns jemand immer wieder ins Wort fällt.

Stellen Sie sich vor, Sie erzählen in einer lustigen Runde gerade von Ihren abenteuerlichen Urlaubserlebnissen. Und Ihr Freund, der mit Ihnen zusammen im Urlaub war, unterbricht Sie ständig. Sie erzählen gerade, wie Sie das Hotel in einer stockfinsteren Nacht gesucht haben. Und noch bevor Sie den Satz zu Ende gesprochen haben, erzählt er einfach weiter. Jetzt hören alle ihm zu, während Sie außen vor sind. Das kann einen schon so richtig ärgern. Aber wie wehrt man sich gegen solche Unterbrechungen?

>>Strategie: Holen Sie sich Ihr Rederecht zurück

- Setzen oder stellen Sie sich aufrecht hin.
- Wehren Sie sich gegen die Unterbrechung, indem Sie mit einem Satz den Unterbrecher stoppen.
- Der Stoppsatz sollte kurz, aber auch höflich sein. Etwa so:
  - »Verzeihung, darf ich bitte kurz ausreden!«
  - »Entschuldigung, aber ich war noch nicht fertig. Ich wollte noch Folgendes sagen …«
  - »Bitte unterbrich mich nicht.«
  - »Ich war noch nicht fertig. Kann ich bitte ausreden?«
- Werden Sie bei Ihrem Stoppsatz etwas lauter als gewöhnlich, ohne dabei ärgerlich oder böse zu klingen.

- Stellen Sie sich darauf ein, notfalls beharrlich in einem Gespräch immer wieder jede Unterbrechung zu stoppen.
- Bleiben Sie dabei gelassen und seien Sie aber zugleich auch konsequent.

Ungeduldig trifft auf Langsam

Es kann gut sein, dass Sie keinesfalls lange und zu viel reden – und trotzdem werden Sie unterbrochen. In diesem Fall ist es wichtig, dass Sie eine Unterbrechung als das ansehen, was sie ist: eine Blockade. Ihr Gesprächspartner blockiert Ihren Redefluss, damit er seine Gedanken aussprechen kann.

Dahinter muss keine böse Absicht stecken. Oft ist es eine Sache des Temperaments. Der Betreffende ist vielleicht ungeduldig, weiß schon Bescheid und will schnell im Gespräch vorankommen. Und schwups! – schon ist er Ihnen ins Wort gefallen. Das passiert manchmal, wenn ein

3

SO GEHT'S

Reden Sie manchmal zu viel?

→ Falls Sie öfter unterbrochen werden, kann es sinnvoll sein, dass Sie auch Ihr eigenes Redeverhalten kritisch unter die Lupe nehmen. Überlegen Sie, ob Sie nicht ab und zu auch zu den Vielrednern gehören. Solange Sie beim Reden kaum eine Pause machen, haben Ihre Mitmenschen es schwer, sich Gehör zu verschaffen. Falls Sie manchmal zu lange reden, möchte ich Ihnen vorschlagen, Ihre Redezeit etwas zu reduzieren. Fassen Sie das, was Sie sagen wollen, in knappen Sätzen zusammen. Kommen Sie schneller auf den Punkt und lassen Sie die Ausschmückungen beiseite. Zusätzliche Randinformationen können Sie noch nachliefern, wenn Ihr Gegenüber danach fragt. Denn es gilt: In der Kürze liegt die Würze.

ruhiger, etwas langsamer Redner auf jemanden trifft, der schnell und zappelig ist. Der Schnelle kann es kaum abwarten, bis er endlich wieder dran ist, und deshalb ergreift er dann voreilig das Wort. Wenn das in einem Gespräch nur ein Mal geschieht, können Sie darüber hinwegsehen. Falls Sie aber regelmäßig von Ihrem Gegenüber beim Reden unterbrochen werden, brauchen Sie eine selbstsichere Abwehr.

>> Strategie: Lassen Sie sich nicht unterbrechen

- Achten Sie darauf, wann genau Ihr Gesprächspartner ansetzt, um Ihnen ins Wort zu fallen. An folgenden Signalen können Sie erkennen, dass Ihr Gegenüber etwas sagen will:
  - Ihr Gesprächspartner beugt sich nach vorn,
  - holt tief Luft,
  - wird unruhig,
  - macht eine aufgeregte Geste mit der Hand, um Sie zu unterbrechen.
- Sagen Sie dann sofort in einem entschlossenen Tonfall:
  - »Warte! Ich bin noch nicht fertig.«
  - »Moment bitte. Ich möchte noch zu Ende sprechen.«
- Bei Menschen, mit denen Sie es öfter zu tun haben, können Sie das Problem des ständigen Unterbrechens auch direkt ansprechen. Sagen Sie Ihrem Gegenüber, was Sie genau stört und was Sie sich stattdessen wünschen. Etwa so:
  - »Gabi, manchmal fällst du mir einfach ins Wort. Ich mag das nicht. Bitte lass mich ausreden.«
  - »Herr Kramer, eben haben Sie mich wieder unterbrochen. Ich weiß, Sie meinen das nicht böse, aber es stört mich. Bitte warten Sie, bis ich fertig bin.«
  - »Papa, du bist manchmal viel zu schnell und unterbrichst mich. Bitte hör mir zu und lass mich ausreden.«

Wenn in einer Gruppe alle durcheinander-reden

Auch in Diskussionsrunden mit mehreren Leuten fehlt es manchmal an Geduld und Zuhörbereitschaft. Wenn keiner richtig ausreden kann, dreht sich die Diskussion meistens im Kreis. Alle ringen um Aufmerksamkeit und niemand hört mehr richtig zu.

In solchen Situationen helfen Diskussionsregeln. In einer kurzen Pause kann sich die Gruppe auf drei einfache Regeln einigen. Und wenn es kein anderer tut, schlagen SIE die folgenden Regeln vor:

- Wer sprechen möchte, muss sich erst melden, und es wird der Reihe nach geredet.
- Jeder spricht maximal zwei bis drei Minuten.
- Nur derjenige, der dran ist, darf reden. Alle anderen hören zu.

Die Gruppe braucht jemanden, der dafür sorgt, dass diese Regeln auch eingehalten werden. Trifft man sich öfter, dann kann reihum jeweils ein anderes Gruppenmitglied die Regeln überwachen. Eine solche Vereinbarung hat nur einen Zweck: Sie sorgt dafür, dass jeder in der Gruppe gehört wird und ausreden kann.

3

Sagen Sie anderen, was Sie stört

Ein weiterer wichtiger Meilenstein zu Ihrem selbstsicheren Auftreten ist es, anderen Menschen vermitteln zu können, wenn Sie etwas stört. Und zwar nicht mit vermeintlich vielsagenden Blicken oder einem genervten Stöhnen, sondern indem Sie das Ärgernis auf den Punkt bringen und so vermitteln, dass Ihr Gegenüber mit dem Feedback auch etwas anfangen kann!

Die alltäglichen Ärgernisse

Das Zusammenleben, aber auch eine enge Zusammenarbeit bringen es am deutlichsten ans Licht: die Tatsache, dass wir alle unterschiedlich sind. Wir haben unterschiedliche Vorstellungen von Ordnung und Sauberkeit. Und jeweils andere Vorlieben, wenn es beispielsweise um Ruhe oder gutes Essen geht. Diese Unterschiede können eine Beziehung bereichern. Wir lernen durch den anderen etwas Neues kennen und erweitern unseren Horizont. Aber eben diese Unterschiede können uns auch stören. Gerade in länger andauernden Beziehungen, wie Freundschaften oder Liebesbeziehungen, tritt früher oder später etwas auf, was uns am anderen nervt.

Wenn Sie genervt sind, brauchen Sie eine große Portion Selbstsicherheit, um das Störende auch tatsächlich anzusprechen. Kritik zu üben, ohne dabei den anderen zu verletzen – das haben viele weder im Elternhaus noch in der Schule richtig gelernt.

Das lange Schweigen und der plötzliche Wutanfall

Wenn das Störende immer wieder unter den Teppich gekehrt wird, verschwindet es nicht. Es bleibt. Und der dazugehörige Ärger wird immer größer. Wie viel Ärger jemand in sich aufstauen kann, ist von Mensch zu Mensch verschieden. Aber irgendwann ist bei jedem der Punkt erreicht, an dem nichts mehr geht. Dann reicht ein kleiner Funke, ein geringer Anlass, und schon macht sich der aufgestaute Ärger Luft. Das innere Pulverfass geht hoch.

Aber wer so explodiert, kann nicht vernünftig mit dem anderen reden. Jetzt gibt es kein Gespräch, sondern nur noch einen heftigen Streit. Es fallen verletzende Worte, und derjenige, der angegriffen wird, weiß oft nicht, wie ihm geschieht. Schließlich war es doch die ganze Zeit vorher ruhig.

Nie ist ein böses Wort gefallen. Und jetzt plötzlich so ein Ausbruch. Das wirklich Traurige an so einer heftigen Explosion ist, dass daran langjährige Partnerschaften und Freundschaften zerbrechen können.

Sagen Sie dem anderen, was Sie stört. Tun Sie das, solange die Sache noch klein ist und sich bei Ihnen noch kein Ärger aufgestaut hat! Viele Menschen müssen aber erst einmal lernen, in einer Beziehung (sei es nun eine Liebesbeziehung, eine Freundschaft oder enge Kollegialität) Kritik zu üben, ohne den anderen dabei zu verletzen. Sie müssen nach einer Gesprächsform suchen, die nicht in einem heillosen Krach endet, so wie es Ihr Partner oder Sie vielleicht in Ihrer Kindheit erlebt haben.

Mit der folgenden Strategie finden Sie einen Weg, das zu sagen, was Ihnen auf dem Herzen liegt. Denken Sie bei den ersten Versuchen in Ruhe nach, damit Sie die für Ihren Partner und Ihre Situation genau passenden Worte finden.

3

>> Strategie: Ärgernisse selbstsicher ansprechen

- Solange Sie sehr ärgerlich sind, können Sie wahrscheinlich nicht ruhig und sachlich über das sprechen, was Sie stört. Lassen Sie Ihren Ärger erst ein wenig abklingen, bevor Sie ein Gespräch anfangen. Aber warten Sie nicht zu lange!
- Sprechen Sie mit Ihrem Gegenüber zu einem Zeitpunkt, an dem es auch aufnahmefähig ist. Jemand, der erschöpft oder sehr aufgeregt ist, kann sich nicht auf das konzentrieren, was Sie sagen.
- Diese Art von Gespräch führen Sie nur unter vier Augen.
- Beschreiben Sie präzise, was tatsächlich passiert ist. Fügen Sie nichts hinzu und übertreiben Sie nicht.
- Sprechen Sie in einem ruhigen Tonfall – so als würden Sie jemandem den Weg erklären. Vermeiden Sie unbedingt eine schrille oder aggressive Stimmlage.
- Benutzen Sie keine Worte, die verletzend klingen. Verletzend können

auch scheinbar lustige Bemerkungen sein, wie etwa: »Blödian«, »Dummkopf«, »Hast du keine Augen im Kopf?« oder Ähnliches.

- Geben Sie Ihrem Gegenüber nicht die Schuld. Sagen Sie nur deutlich, was Sie stört und warum es Sie stört.
- Halten Sie keine Monologe. Jetzt ist der andere dran. Geben Sie Ihrem Gegenüber Zeit, sich dazu zu äußern.
- Nachdem Sie über das Störende geredet haben, sprechen Sie jetzt über die Verbesserung. Sagen Sie Ihrem Gesprächspartner, was Sie sich für die Zukunft wünschen. Das sollten Sie sich vorher zwar genau überlegen, aber auch offen für ganz andere Lösungsvorschläge Ihres Gegenübers sein.
- Suchen Sie eine Lösung, mit der beide Seiten gut leben können. Fragen Sie sich selbst und den anderen: »Wie können wir das so regeln, dass wir beide in Zukunft zufrieden sind?«

Ersparen Sie sich sinnlose Debatten

Im Alltag ist es manchmal gar nicht so einfach, über das zu reden, was einen stört. Eine Sache, die leicht schiefgehen kann, ist die Wortwahl. Besonders, wenn wir ohne nachzudenken mit dem herausplatzen, was uns nervt. Und das kann dann so klingen: »Du hinterlässt das Badezimmer immer wie einen Saustall. Und jedes Mal muss ich erst aufräumen und wischen, bevor ich duschen kann.«

In den Worten steckt die Botschaft: »Das machst du falsch.« Oder: »So gehört sich das nicht.« Und diese Botschaft ist problematisch. Die »Du-machst-das-falsch«-Ansprache führt meistens zu endlosen Debatten mit vielen Anschuldigungen.

Kommen wir auf das Thema »Badezimmer« zurück. Macht Ihr Partner wirklich etwas falsch, wenn er das Badezimmer wie einen Saustall hinterlässt? Nein, für ihn ist das offensichtlich in Ordnung. Es gibt keine Verordnung und kein Gesetz, in dem steht, wie ein Badezimmer nach einer morgendlichen Duschorgie auszusehen hat. Es geht hier also nicht um Richtig oder Falsch – wir bewegen uns auf dem Gebiet von Vorlieben und Abneigung.

Deshalb schreibe ich davon, dem anderen zu sagen, was SIE STÖRT. Und nicht, dem anderen zu sagen, was ER FALSCH MACHT. Denn die Botschaft: »Das stört mich.«, ist eine vollkommen andere, als wenn Sie sagen würden: »Du machst das verkehrt.« Sie können sich viele nutzlose Streitereien schenken, wenn Sie von Anfang an deutlich machen, dass es hier um Ihren persönlichen Geschmack geht. Es stört Sie. Sie mögen das nicht. Indem Sie sagen, was Sie persönlich nicht mögen, bitten Sie den anderen darum, Ihnen entgegenzukommen.

Umgekehrt sind Sie natürlich auch bereit, sich anzuhören, was Ihr Gegenüber nicht mag, und ihm ebenso entgegenzukommen. Denn es geht nicht darum, dass Sie einem anderen Menschen Ihren Maßstab für Ordnung und Sauberkeit aufzwingen. Sie suchen vielmehr gemeinsam nach einer Möglichkeit, wie Sie beide miteinander auskommen können, obwohl jeder einen anderen Maßstab hat.

Ich-Botschaften

→ Vermeiden Sie Beschuldigungen, wie etwa: »Immer machst du …«, »Nie schaffst du es …«, »Du hast mal wieder …« Ihre Rückmeldung wird besser angenommen, wenn Sie von sich in der Ich-Form sprechen. Sagen Sie daher: »Mich stört …«, »Ich war enttäuscht …«, »Ich hätte gern …«

Finden Sie die passenden Worte?

Wahrscheinlich sind die einzelnen Schritte der Gesprächsstrategie (→ Seite 71 f.) für Sie sehr einleuchtend. Aber im Alltag ist die Sache manchmal nicht ganz so leicht wie auf dem Papier. Hier kann es Ihnen passieren, dass Ihnen die richtigen Worte fehlen. Doch wie können Sie im konkreten Fall Störungen deutlich ansprechen, ohne den anderen anzugreifen? Was sagen Sie zum Nachbarn, wenn seine Musik zu laut ist? Wie spechen Sie mit einem Kollegen oder der eigenen Mutter über etwas, das Sie stört? Hier finden Sie die Möglichkeit, das einmal praktisch zu üben. Machen Sie sich am besten schriftlich Gedanken.

→ Nebenan ist ein neuer Nachbar eingezogen, der leider eine ziemlich unangenehme Angewohnheit hat. Er hört bis in den späten Abend hinein laute Schlagermusik. Dabei lässt er sein Fenster offen und sitzt auf dem Balkon, sodass regelmäßig die gesamte Umgebung mitberieselt wird. Sie müssen morgens früh raus, aber bei der lauten Musik kriegen sie kein Auge zu. Wie sprechen Sie Ihren Nachbarn darauf an? Notieren Sie hier, was Sie zu ihm sagen würden:

____

____

____

→ Seit zwei Wochen arbeiten Sie im Büro mit einer neuen Computersoftware. Leider hat Ihr Kollege den Einführungskurs nicht bis zum Ende mitgemacht. Nun fragt er Sie ständig, ob Sie ihm am Computer helfen könnten. Für Sie ist es kein Problem, ab und zu mal zu helfen, aber der Kollege kommt fast stündlich mit einer neuen Frage zu Ihnen. Das ist Ihnen zu viel. Wie sagen Sie das Ihrem Kollegen?

____

____

____

→ Ihre Mutter mag Ihren neuen Freund nicht. Sie findet, er passt überhaupt nicht zu Ihnen. Deshalb bringen Sie ihn auch nicht mit, wenn Sie sich mit der Familie treffen. Aber dennoch schimpft sie lauthals über ihn. Sie wollen sich ihre Schimpfereien nicht mehr anhören. Wie sagen Sie das Ihrer Mutter, dass Sie das stört?

____

____

____

- Ihre Freundin hat sich beim letzten gemeinsamen Einkaufsbummel 200 Euro von Ihnen geliehen. Zwei Mal hat sie Ihnen schon versprochen das Geld zurückzugeben, aber jedes Mal hat sie es vergessen. Sie haben bisher immer gesagt: »Macht nichts!« Sie treffen sich wieder mit ihr, und schon wieder hat sie das Geld vergessen. Jetzt reicht es Ihnen. Wie sagen Sie das Ihrer Freundin?

  ____

  ____

  ____

Sind Ihnen gute Formulierungen eingefallen oder waren Sie noch ein wenig unsicher? Wenn Sie die folgenden Punkte beachten, kann eigentlich nicht viel schiefgehen:

- Sie sagen deutlich, was Sie stört. Ohne Übertreibungen und ohne lange Erklärungen.
- Sie greifen dabei den anderen nicht an, machen ihm keine Vorwürfe, halten ihm keine Standpauke.
- Sie sagen, was Sie sich genau wünschen oder worum Sie den anderen bitten möchten.

Für Sie ist es wichtig, im Alltag Worte zu finden, die zu Ihnen passen. Nur zu Ihrer Anregung habe ich hier für Sie einen Formulierungsvorschlag für jede Situation vorbereitet:

- »Guten Tag (Guten Abend), Herr Meier. Ich bin Marlies Ruhwohl und wohne direkt neben Ihnen. Ich höre die Musik aus Ihrer Wohnung bis in mein Schlafzimmer, vor allem wenn Sie Ihr Fenster auflassen. Ich habe eine Bitte an Sie: Könnten Sie die Musik bitte leiser stellen und das Fenster zumachen?«
- »Du, Tom, das ist jetzt schon das dritte Mal heute Vormittag, dass du mich wegen der Software um Hilfe bittest. Ich schaffe dabei kaum noch meine eigene Arbeit. Du weißt, ich helfe dir gern, aber das ist mir doch zu viel. Bitte finde einen anderen Weg, wie du mit dem neuen Programm klarkommst.«

- »Mama, bitte! Ich weiß, du magst Ben nicht. Darauf nehme ich Rücksicht und bring ihn gar nicht erst zu unseren Familientreffen mit. Aber wenn ich hier bei euch sitze, möchte ich nicht ständig hören, wie du auf ihm herumhackst. Das macht mich richtig ärgerlich. Ich möchte mich mit dir über etwas anderes unterhalten. Kannst du bitte das Thema wechseln?«
- »Mona, du hast die 200 Euro jetzt bereits zum dritten Mal vergessen. Und ehrlich gesagt, allmählich nervt mich das schon sehr. Ich habe dir das Geld gern geliehen, aber jetzt möchte ich es auch sehr gern von dir zurückhaben. Kannst du bitte dafür sorgen, dass ich die 200 Euro heute noch von dir bekomme?«

Sie können andere Menschen nicht vollkommen umkrempeln

Wenn Sie einen anderen Menschen bitten, sein Verhalten zu ändern, ist es wichtig, dass Sie dabei NICHT NUR SELBSTSICHER, sondern auch WEISE sind. Zur Weisheit gehört vor allem die Erkenntnis, dass Sie einen anderen Menschen nicht gegen seinen Willen verändern können. Wenn Ihr Gegenüber sein Verhalten nicht ändern will, sind Sie machtlos. Da nützt auch die kraftvollste Strategie nichts.

Es ist auch weise, wenn Sie sich klarmachen, dass Sie niemanden ganz und gar umkrempeln können. Wir alle haben eine Persönlichkeit, die zu uns gehört, wie unsere Augenfarbe. Bis zu einem gewissen Grad können wir unser Verhalten anpassen. Aber wir können nicht komplett alle unsere Prägungen und Eigenarten hinter uns lassen. Wenn Sie diese Weisheit mit berücksichtigen, verhindern Sie sinnlose Kämpfe mit Menschen, die sich nicht ändern wollen oder können.

Wohin mit all dem Ärger?

Selbst wenn wir theoretisch wissen, wie wir Störungen ansprechen können, ohne andere dabei zu verletzen, sieht die Praxis oft anders aus. Denn bei vielem, das uns stört, ist akut auch eine große Wut beteiligt. Auf der Arbeit läuft etwas katastrophal schief, Ihr Mann macht zum hundertsten Mal irgendetwas, das Sie auf die Palme bringt – schwups wird das Feedbackgespräch zur Explosion. Was dann aus Ihrem Mund kommt, ist natürlich keine ruhige, sachliche Kritik, sondern nur eine zornige Schimpferei. Das belastet das Arbeitsklima und auch jede Beziehung.

Verstehen Sie mich nicht falsch: Gefühle wie Ärger oder Gereiztheit sind vollkommen in Ordnung. Zum Problem werden sie erst, wenn wir sie ungebremst ausleben. Denn solange wir wütend sind, fallen uns meist nur herabsetzende oder angriffslustige Bemerkungen ein. Die eigene Stimme klingt dabei dramatisch hoch oder grimmig empört. Das alles zusammen empfindet unser Gesprächspartner wie einen Angriff. Dagegen wird er (oder sie) sich instinktiv verteidigen und vielleicht sogar zum Gegenangriff übergehen. Was wir jetzt haben, ist ein Streit und kein Gespräch mehr.

Deshalb habe ich ein Erste-Hilfe-Tool entwickelt, das Ihnen hilft, Ihre ärgerlichen Gefühle zu managen (→ Seite 79). Damit können Sie sich beruhigen und Ihren Kopf klarkriegen, bevor Sie mit jemandem über das sprechen, was Sie stört.

Geizen Sie nicht mit Anerkennung

Das Störende anzusprechen und Kritik zu üben ist nur die eine Seite einer Beziehung. Die andere Seite, die unbedingt dazugehört, ist die Wertschätzung. Ihr Gegenüber braucht nicht nur Informationen über das, was Sie stört. Es will auch wissen, was für Sie in Ordnung ist. Er oder sie möchte auch hören, was Sie erfreut, was Sie mögen und was Sie gern öfter erleben möchten. Machen Sie nicht den Fehler, alles Positive unter den Tisch fallen zu lassen, nach dem Motto: »Das ist doch selbstverständlich. Darüber muss man keine Worte verlieren.«

Wenn Ihr Gegenüber sein Verhalten ändert und versucht, das Störende zu beseitigen, braucht es von Ihnen dafür Anerkennung. Zeigen Sie deutlich, dass Sie sich über diese Veränderung freuen! Und sprechen Sie auch aus, wie dankbar Sie sind.

>>Strategie: So zeigen Sie Anerkennung und Wertschätzung

- Beachten Sie jede kleine Verbesserung und richten Sie Ihr Augenmerk auf alles, was gut läuft.
- Zeigen Sie dem anderen deutlich, dass Sie sich über jeden Fortschritt sehr freuen.
- Drücken Sie Ihre Anerkennung direkt aus.
- Benutzen Sie einfache, klare Worte. Zum Beispiel:
  - »Tim, das hat mich wirklich happy gemacht. Klasse!«
  - »Frau Schmidt, ich bin total glücklich, weil das so gut klappt.«
  - »Nicole, ein dickes Dankeschön von mir. Ich freu mich darüber.«
  - »Toll, dass Sie so flexibel waren und die Sache gleich geändert haben. Dafür ein dickes Dankeschön von mir.«
  - »Ich bin so froh, dass du mir da entgegengekommen bist. Das ist für mich eine enorme Erleichterung. Danke!«

Indem Sie das Positive sehen und anerkennen, sind Sie zugleich auch fair. Sie sind kein Miesepeter und auch keine Meckerziege, die nur das Negative kritisieren. Nein, Sie sind jemand, der das Erfreuliche ebenso sieht und das auch wertschätzen kann.

Aufrichtige Anerkennung ist etwas, nach dem wir uns alle innerlich sehnen. Geben Sie anderen diese Anerkennung, und die Menschen werden Ihnen gern entgegenkommen.

Hier ist eine gute Frage, die Sie sich zu Hause und im Job täglich stellen können: WAS GEFÄLLT MIR AM ANDEREN UND WIE KANN ICH IHM DAS SAGEN?

Den Ärger im Griff!

Managen Sie Ihre Gefühle.

- Gestehen Sie sich Ihren Ärger zu. Es ist okay, dass Sie wütend sind.
- Bevor Sie etwas unternehmen, sorgen Sie für einen klaren Kopf. Handeln Sie nicht aus einem Reflex heraus.
- Lassen Sie das heftige Gefühl zuerst ein wenig abklingen. Zählen Sie beispielsweise bis zehn oder bewegen Sie sich intensiv. Steigen Sie Treppen, boxen Sie in ein Kissen oder lassen Sie Ihren Tränen freien Lauf. Das alles geht besser, wenn Sie allein sind – sorgen Sie dafür, indem Sie eine Konfrontation zunächst verlassen.

Sortieren Sie Ihre Gedanken.

- Denken Sie in Ruhe nach: Was stört Sie? Beschreiben Sie das ganz präzise. Was wollen Sie genau? Seien Sie auch hier gründlich und exakt. Wer kann das, was Sie wollen, für Sie tun? An wen können Sie sich wenden, um eine Verbesserung zu erreichen? Und an wen noch?
- Wenn es etwas gibt, was Sie tun können, dann machen Sie einen Plan, womit Sie anfangen wollen. Überlegen Sie auch, wer Ihnen helfen kann und wo Sie sich (professionell) beraten lassen können.

Werden Sie aktiv.

- Ihr Ärger ist der Treibstoff für eine Veränderung. Nehmen Sie diese Energie und sorgen Sie dafür, dass sich Ihre Situation verbessert.
- Drücken Sie das, was Sie stört, aus – mündlich oder schriftlich.
- Benutzen Sie dabei sachliche Worte, sprechen Sie in einem ruhigen Tonfall.

So reklamieren Sie richtig

Wo gehobelt wird, da fallen Späne. Und dort, wo gearbeitet wird, geht auch mal was schief. Als Kunde oder Kundin müssen Sie das, was schiefgegangen ist, aber keineswegs hinnehmen. Sie haben das Recht, für Ihr Geld ein einwandfreies Produkt oder eine fehlerfreie Dienstleistung zu bekommen.

Stellen Sie fest, was nicht in Ordnung ist

Glücklicherweise liegt den meisten Firmen sehr viel an der Zufriedenheit Ihrer Kunden. Auch ist den Unternehmen bewusst, dass trotz aller Qualitätskontrollen auch hin und wieder Fehler auftreten können. Deshalb haben viele Firmen ein System entwickelt, mit dem sie eine Reklamation schnell und unbürokratisch abwickeln können. Als Kunde werden Sie hier auch mit Ihrer Beschwerde gut behandelt. Häufig sind die Mitarbeiter geschult und können ein Reklamationsgespräch sachlich und positiv führen. Leider wissen Sie als Kunde nicht von vornherein, ob die Firma, bei der Sie einkaufen, ein gutes Reklamationssystem hat. Als Verbraucher haben Sie umfangreiche Rechte gegenüber Händlern, Handwerkern und anderen Dienstleistern. Dabei gibt es unterschiedliche gesetzliche Grundlagen, die Sie als Verbraucher schützen. Da sind

SO GEHT'S

Rechtzeitig informieren

→ Bei großen Geldausgaben (etwa dem Bau eines Eigenheims, Einbau einer Küche, Fernreise ...) informieren Sie sich am besten VORHER über Ihre gesetzlichen Rechte als Verbraucher. Nutzen Sie dafür auch das Beratungsangebot der Verbraucherzentralen.

beispielsweise das Mietrecht, das Reiserecht, Baurecht, Patientenrechte, das Fernabsatzrecht und die Gewährleistungsansprüche, die Sie gegenüber Händlern haben.

Doch natürlich geht es jetzt nicht um die juristischen Einzelheiten, sondern vor allem um Ihre Kommunikation. Mit einem selbstsicheren Reklamationsgespräch sorgen Sie dafür, dass Sie Ihre Ansprüche geltend machen. Ganz wichtig ist auch hier ein ruhiger, höflicher Ton und eine sachliche Gesprächsführung. Und auch bei Reklamationen ist eine gute Vorbereitung das A und O, besonders dann, wenn es um viel Geld geht! Sie setzen sich einfach leichter durch, wenn Sie gut vorbereitet in das Gespräch gehen.

>> Strategie: So bereiten Sie sich auf ein Reklamationsgespräch vor

- Überprüfen Sie genau, was an dem Produkt oder der Dienstleistung nicht in Ordnung ist. Wenn der Mangel oder der Schaden umfangreicher ist, notieren Sie sich die Punkte. Diese Notizen nehmen Sie auf jeden Fall mit ins Gespräch.
- Tragen Sie die Beweise für den Mangel oder Schaden zusammen. Das können beispielsweise bei einer Urlaubsreise Fotos und Zeugenaussagen sein. Oder Sie nehmen das schadhafte Produkt mit zum Gespräch.
- Bevor Sie eine Servicehotline anrufen, suchen Sie die Daten für das Produkt heraus. Etwa die genaue Gerätebezeichnung oder Herstellungsnummer. Legen Sie auch die Kaufbelege neben das Telefon.
- Bei größeren Produkten oder Dienstleistungen (Hausbau, Computer, Reise …) ist es sinnvoll, nicht nur mündlich, sondern parallel auch schriftlich per Einschreiben mit Rückschein zu reklamieren.
- Warten Sie aber nicht zu lange, bevor Sie handeln. Oft gibt es einen gesetzlich festgelegten Zeitraum, in dem Sie Ihre Ansprüche geltend machen können.

Eine gute Vorbereitung sorgt dafür, dass Sie mit einem selbstsicheren Gefühl in das Gespräch gehen. Dadurch können Sie ruhig und sachlich bleiben, während Sie über den Fehler reden. So zeigen Sie Ihrem Gegenüber, dem Verkäufer, dass Sie ihn keineswegs persönlich angreifen wollen. In einem sachlichen Gesprächsklima kann Ihnen der andere besser zuhören und versucht nachzuvollziehen, was Sie möchten.

>>Strategie: Wie Sie Ihre Reklamation sachlich vorbringen

- Gehen Sie in Ihre königliche Muthaltung und strahlen Sie eine gelassene Würde aus.
- Fangen Sie das Gespräch mit einer Begrüßung an und sagen Sie dann kurz, dass es um eine Reklamation geht. Jetzt erfahren Sie, ob es dafür einen bestimmten Ansprechpartner oder eine Serviceabteilung gibt.
- Erklären Sie ruhig und sachlich, um welches Produkt oder um welche Dienstleistungen es sich handelt. Berichten Sie Ihrem Gesprächspartner – ohne Übertreibung –, worin der Mangel oder der Schaden genau besteht. Hier kommt es darauf an, dass Sie den Sachverhalt präzise darstellen können.
- Hören Sie gut zu, was Ihr Gegenüber darauf antwortet.
- Je nachdem, worum es bei der Sache geht, bitten Sie Ihren Gesprächspartner um einen Umtausch, eine Reparatur oder eine Preiserstattung.
- Geben Sie nicht gleich auf, wenn die Reklamation schwierig ist oder von Ihrem Gesprächspartner abgelehnt wird. Vielleicht müssen Sie auch mit einem Vorgesetzten oder der Firmenleitung reden. Bleiben Sie in jedem Fall freundlich.
- Falls Ihre Reklamation abgelehnt wird, ist es wichtig, dass Sie sich jetzt genau über Ihre Rechte als Verbraucher oder Mieter informieren.
- Verbraucherzentralen und die Schiedsstellen, die es in vielen Branchen gibt, können Ihnen im Konfliktfall weiterhelfen.

Versuchen Sie in einem Reklamationsgespräch ganz bei der Sache zu bleiben. Ihr Ziel ist es, einen Schaden, einen Fehler oder einen Mangel beheben zu lassen. Widerstehen Sie der Versuchung, sich auf eine allgemeine Grundsatzdiskussion einzulassen. Also diskutieren Sie nicht über die Frage, ob diese Firma gut gemanagt wird oder warum Kunden so selten eine Gebrauchsanweisung lesen. Durch solche Diskussionen geraten Sie leicht auf Abwege. Lassen Sie sich nicht von Ihrem Ziel abbringen. Auf nebensächliche Behauptungen Ihres Gesprächspartners müssen Sie nicht eingehen. Antworten Sie einfach mit dem Wort »Interessant!«, und dann kommen Sie sofort wieder auf das zu sprechen, was Sie anstreben.

Ihre Gesprächsführung besteht darin, dass Sie höflich und konsequent bei der Sache bleiben. Sie bitten um eine Reparatur, einen Umtausch oder eine Preiserstattung. Um mehr geht es für Sie nicht. Lassen Sie deshalb alles weg, was das Gespräch unnötig in die Länge zieht oder zu Verwicklungen führt.

3

Eine Frage der Kulanz

Tatsächlich sind Händler nicht verpflichtet, eine Ware, die vollkommen in Ordnung ist, zurückzunehmen. Aber Firmen, denen viel an der Zufriedenheit ihrer Kunden liegt, machen da häufig eine Ausnahme. In so einem Fall handelt es sich um KULANZ. Auf die haben Sie als Kunde keinen gesetzlichen Anspruch. Denn Kulanz ist eine freiwillige Leistung des jeweiligen Unternehmens.

Falls Sie ein Produkt, das in Ordnung ist, dennoch umtauschen wollen – sei es, dass es nicht passt oder Sie es sich anders überlegt haben –, können Sie dabei nicht auf Ihr Recht pochen, sondern nur um Kulanz bitten. Gerade hier ist es wichtig, dass Sie das Gespräch aus einer freundlichen, zuvorkommenden Haltung heraus führen. Und dass Sie auch dann freundlich bleiben, wenn Ihr Gegenüber zunächst Nein sagt.

Vermeiden Sie ein rechthaberisches Auftreten

Es passiert oft, dass der Händler oder der Verkäufer Sie zunächst darauf hinweist, dass Sie keinen gesetzlichen Anspruch auf Umtausch haben. Manche Menschen erleben so einen Hinweis als Abfuhr und gehen dann in eine rechthaberische Verteidigungshaltung. Sie fangen an zu kämpfen, die Stimme wird lauter und aggressiver, das Gesprächsklima wird schlechter. Das aber führt nur dazu, dass der Verkäufer sich ganz von Ihnen abwendet. Denn wer sich angegriffen fühlt, ist nicht mehr hilfsbereit und kulant.

>> Strategie: So bitten Sie um Kulanz

- Warten Sie nicht zu lange mit dem Umtausch.
- Wenn möglich, bringen Sie neben den Kaufbelegen auch die Originalverpackung mit.
- Sie wissen, dass Sie keinen gesetzlichen Anspruch auf einen kulanten Umtausch haben. Bejahen Sie das, wenn Ihr Gegenüber darauf zu sprechen kommt.
- Fordern Sie nicht, machen Sie keinen Druck, sondern formulieren Sie eine höfliche Bitte.
- Versuchen Sie nicht, Ihren Gesprächspartner zu erpressen (»Ich kaufe hier nie wieder ein.«).
- Zeigen Sie Ihre aufrichtige Wertschätzung für die Firma, das Produkt oder die Beratung.
- Wenn das noch nicht geholfen hat, dann erklären Sie Ihrem Gegenüber etwas über Ihren Hintergrund. Beispielsweise, wofür Sie das Produkt brauchen, warum Ihnen ein anderes Produkt besser gefällt.
- Zeigen Sie Ihrem Gegenüber sehr deutlich, dass dieser Umtausch auch für Sie eine Ausnahme ist. Damit vermeiden Sie den Eindruck, Sie würden den anderen mit der »Umtauschmasche« reinlegen wollen.

- Falls Sie immer noch ein Nein hören, bitten Sie freundlich darum, mit einem Vorgesetzten zu reden.
- Bedanken Sie sich, wenn Ihr Gegenüber Ihnen entgegenkommt, und verabschieden Sie sich in jedem Fall freundlich.

Selbst wenn der Händler zunächst wenig zuvorkommend reagiert, bleiben Sie selbstsicher bei dem, was Sie wollen. Sie möchten das Problem freundlich aus der Welt schaffen. Und durch Ihre ruhige und selbstsichere Gesprächsführung zeigen auch Sie, wer Sie sind. Sie präsentieren sich als Geschäftspartnerin und nicht als Gegnerin.

Die meisten Firmen haben eine klare Regelung, wie die Mitarbeiter in einem Fall von Kulanz verfahren sollen. Ob beispielsweise der Kunde sein Geld wiederbekommt oder ob er nur ein anderes Produkt erhält. Dazu gehört auch, in welchen Fällen die Firma überhaupt nicht kulant ist. Die Kulanz kann aufhören, wenn seit dem Kauf zu viel Zeit vergangen ist oder der Kunde das Produkt schon zu lange benutzt hat.

Aber selbst dann, wenn die Mitarbeiter angewiesen sind, nur so und nicht anders zu verfahren, haben Sie als Kunde einen Spielraum. Da jede Regelung auch Ausnahmen kennt, können Sie darum bitten, dass in Ihrem Fall eine Ausnahme gemacht wird. Auch hier gilt der Grundsatz: Gestalten Sie das Gespräch sachlich und freundlich. Da der Mitarbeiter oft an die Weisungen der Geschäftsleitung gebunden ist, müssen Sie vielleicht mit jemandem sprechen, der eine solche Ausnahme machen kann. Oft sind das die Vorgesetzten. In der Praxis hat sich dabei Folgendes gezeigt: Sie können sich eher durchsetzen, wenn Sie mit Ihrem Gegenüber LANGE sprechen! Je mehr der andere in Ihren Fall verwickelt wird, desto eher wird er Ihnen helfen. Sagen Sie deutlich, was Sie sich wünschen, und erklären Sie, warum Sie sich das wünschen. Und auch hier gilt: Lassen Sie sich nicht vom ersten Nein abschrecken. Mit Ihrer höflichen Hartnäckigkeit haben Sie die Chance, dass Sie ein »Das geht nicht« in ein »Ausnahmsweise« verwandeln können.

4 Konflikte fair austragen

→ Mit einer selbstsicheren Gesprächsführung können Sie dafür sorgen, dass aus einem Streit keine Krise wird. Kritik von anderen ist für Sie kein Tiefschlag mehr. Und kränkende Bemerkungen oder Bevormundungen wehren Sie souverän ab – ohne dass die Situation eskaliert und ohne dass Sie den Kürzeren ziehen. Selbstsicherheit zu entwickeln heißt eben auch, konfliktfähig zu sein.

Von Kritik und Konflikten

Eigentlich will ihn niemand und trotzdem steckt man manchmal mittendrin – im Streit. Dort, wo Menschen zusammenleben oder zusammenarbeiten, wird auch gestritten. Wir haben unterschiedliche Interessen, und selbst wenn wir sehr tolerant sind, bringen uns unsere Mitmenschen manchmal einfach zur Weißglut. Anders gesagt: Konflikte lassen sich nicht vermeiden. Und sie sind eine echte Herausforderung für Ihre Selbstsicherheit!

Am besten sorgen Sie von vornherein dafür, dass eine kritische Aussage nicht zu einem Missverständnis führt. Denn leider wissen nicht alle Menschen, wie man sachlich eine Kritik äußert. Sie brauchen die Fähigkeit, sich die Rückmeldung von anderen ruhig anzuhören. Das gilt besonders dann, wenn Ihr Gegenüber aufgebracht ist und sich nicht vernünftig äußern kann. Da fallen dann schon mal ein paar giftige Bemerkungen. Aber statt sich zu streiten oder gekränkt zu schweigen, können Sie die Gesprächsführung übernehmen. Für solche Fälle habe ich Ihnen hier sehr nützliche und alltagstaugliche Strategien zusammengestellt. Dazu gehört auch, dass Sie bei einem Fehler, den Sie gemacht haben, nicht gleich am Boden zerstört sind.

Aber nicht alles, was andere an Ihnen kritisieren, ist auch berechtigt und richtig. Hier erfahren Sie, wie Sie eine echte Kritik von einer Bevormundung unterscheiden können. Und wie Sie Ihren Mitmenschen klarmachen, dass Sie keine Einmischung in Ihre Angelegenheiten dulden. Da auch die nettesten Freunde und Kollegen manchmal schlecht drauf sind, kann es Ihnen passieren, dass Sie plötzlich von einer verbalen Attacke getroffen werden. Das sind Sticheleien und andere Bissigkeiten, die einen meistens sprachlos machen. Oder die sehr schnell in einem ausgewachsenen Krach enden. Sie finden hier ein paar sehr gelassene Kontrastrategien, die verhindern, dass aus einem blöden Spruch ein Drama wird.

Mit Ihrer klaren Kommunikation tragen Sie viel dazu bei, einen Konflikt kleinzuhalten. Falls aber die Emotionen doch einmal ganz hoch kochen und die Situation immer angespannter wird, hilft nur noch eins: eine klärende Aussprache. Die Tipps und Strategien aus dem letzten Teil dieses Kapitels zeigen Ihnen, wie Sie durch ein gemeinsames Gespräch einen Streit auflösen können. Und das ist bereits die allerhöchste Kunst der Selbstsicherheit.

Kritik selbstsicher annehmen

Es ist Ihr gutes Recht, anderen Menschen zu sagen, was Sie stört und was Sie sich wünschen. Aber umgekehrt gilt das natürlich auch für Sie! Ihre Mitmenschen dürfen Ihnen sagen, womit sie bei Ihnen nicht einverstanden sind. Und was sie sich von Ihnen wünschen. Im Volksmund heißt es: Wer austeilt, muss auch mal einstecken können. Aber häufig beginnt genau da das Problem: Viele Menschen können eine kritische Rückmeldung nur schwer ertragen. Wenn jemand sie kritisiert, fühlen sie sich schnell angegriffen und sind beleidigt.

Grundsätzlich gilt: Je selbstsicherer Sie sind, desto leichter fällt es Ihnen, Kritik von anderen anzunehmen. Denn eine kritische Rückmeldung kann ein wertvolles Geschenk sein, das Ihnen hilft, besser mit anderen Menschen auszukommen. Wenn Sie Kritik als eine Art Hilfestellung sehen, dann müssen Sie sich innerlich nicht dagegen wehren.

Ihre Einstellung zur eigenen Leistung

Viele Menschen fühlen sich durch Kritik sehr verunsichert. Diese Verunsicherung entsteht, wenn wir unsere Person nicht von unserer Leistung trennen. Unbewusst glauben die meisten von uns, dass man nur dann ein guter, wertvoller Mensch ist, wenn man auch gute Leistungen erbringt. Nur wer tüchtig ist und möglichst fehlerfrei arbeitet, der ist auch wertvoll und wichtig. Sind die eigenen Leistungen und das Selbstwertgefühl aber derart eng miteinander verbunden, dann hat das fatale

AUF EINEN BLICK

Ihre selbstsichere Einstellung bei Kritik

- Sie haben das Recht, jemanden um eine Kritik zu bitten.
- Sie haben das Recht, eine Kritik ruhig anzuhören, ohne gleich etwas dazu sagen zu müssen.
- Es ist vollkommen in Ordnung, wenn Sie Ihr Gegenüber darum bitten, ruhig und sachlich mit Ihnen zu sprechen.
- Sie haben das Recht, selbst zu entscheiden, ob Sie die Kritik annehmen und sich danach richten wollen oder ob Sie das nicht tun.
- Es ist vollkommen in Ordnung, wenn Sie sich nach einer kritischen Rückmeldung unwohl, frustriert oder ärgerlich fühlen. Alle diese Gefühle haben eine Berechtigung und ihren Platz. Das Beste, was Sie mit Ihren Gefühlen machen können, ist, sie einfach nur zuzulassen.
- Sie müssen sich nach einer kritischen Rückmeldung nicht verteidigen und Sie müssen sich schon gar nicht rechtfertigen. Es ist vollkommen in Ordnung, wenn Sie zu Ihrem Gegenüber sagen: »Danke für die Rückmeldung. Darüber werde ich nachdenken.«

Auswirkungen. Wird unsere Leistung kritisiert, dann sinkt automatisch auch unser Selbstwertgefühl. Es ist so, als würde man denken: »Ich habe etwas schlecht gemacht, also bin ich auch schlecht.« Jeder Hinweis auf einen Fehler, jede Kritik wird dann zu einem persönlichen Tiefschlag. Und es ist nur natürlich, dass man so einen Tiefschlag lieber vermeidet. Deshalb haben viele Menschen enorme Probleme damit, offen um Kritik zu bitten und sie selbstsicher aufzunehmen.

Damit Sie souverän mit Kritik umgehen können, ist es wichtig, dass Sie Ihre innere Einstellung bewusst verändern. Sie sind in jedem Fall ein wertvoller Mensch, unabhängig von Ihren Leistungen. Ihre Arbeit, Ihr Verhalten ist das, was Sie TUN. Nicht das, was Sie SIND! Wenn Sie also einen Fehler gemacht haben, sind Sie nicht mangelhaft. Die Kritik betrifft immer nur Ihr Verhalten oder Ihr Tun. Sie müssen nichts davon persönlich nehmen. Was immer andere Menschen auch an Ihnen kritisieren, Sie bleiben ein wichtiger, wertvoller Mensch.

So gehen Sie mit Fehlern um

Menschen, die sich von einem kritischen Feedback sehr verunsichern lassen, neigen dazu, einen Fehler abzustreiten oder ihn anderen in die Schuhe zu schieben. Mit solchen Vertuschungsmanövern wird aber nichts wirklich verbessert, es zeigt nur, dass der Betreffende keine Verantwortung für sein Handeln übernehmen kann.

Ja, Fehler kommen vor. Dafür geradezustehen ist der beste Weg, um den Fehler zu verarbeiten und hinter sich zu lassen. Alles, was Sie nicht richtig machen – ob es die Beule am neuen Wagen, das angebrannte Rinderfilet oder die falsch ausgestellte Rechnung ist – sind einfach nur Lernerfahrungen.

Das fängt schon beim Laufenlernen an. Wir haben es als Kind gelernt, aufrecht auf zwei Beinen zu laufen, indem wir auch hin und wieder das Gleichgewicht verloren haben und hingefallen sind. Niemand von uns konnte gleich von Anfang an fehlerfrei aufrecht laufen. So ist das Leben: laufen, hinfallen, wieder aufstehen, weiterlaufen. Fehler sind zum Lernen da und nicht, um sich selbst zu zermürben.

Falls Sie einen Fehler gemacht haben, stellen Sie sich die folgenden drei Fragen. Mit diesen Fragen verhindern Sie, dass sich Schuldgefühle bei Ihnen dauerhaft einnisten.

1. KANN ICH DEN FEHLER WIEDER AUSGLEICHEN ODER WIEDERGUTMACHEN?
Wenn ja, dann bieten Sie das Ihrem Gegenüber an. Oder fragen Sie den anderen, welche Wiedergutmachung er sich wünscht.

2. WAS KANN ICH DARAUS LERNEN?
Vielleicht haben Sie etwas übersehen oder vergessen. Oder Sie kannten sich mit dieser Sache nicht richtig aus. Wichtig ist, dass Ihnen klar wird, wie der Fehler zustande kam.

3. WIE KANN ICH VERHINDERN, DASS DAS NOCH EINMAL PASSIERT?
Wenn es etwas gibt, wodurch Sie so einen Fehler künftig verhindern können, dann tun Sie das. Ergreifen Sie Maßnahmen, mit denen Sie einer Wiederholung vorbeugen.

Wenn alles getan ist, beenden Sie die Sache, indem Sie sich selbst verzeihen. Versöhnen Sie sich mit Ihrer Unvollkommenheit. Sie haben etwas falsch gemacht, die Sache wurde von Ihnen bereinigt und Sie haben daraus gelernt. Jetzt geht Ihr Leben weiter. Verharren Sie nicht in der Vergangenheit und wühlen Sie nicht in Ihren alten Fehlern herum. Wenden Sie sich dem zu, was Sie jetzt zu erledigen haben, und gehen dabei fehlerfreundlich ans Werk.

Lektion gelernt? Verbessern Sie sich!

Legen Sie sich ruhig eine Kladde oder eine Textdatei »Gelernte Lektionen« an. Ihnen fehlen wichtige Unterlagen bei einem Meeting oder einem externen Termin? Alle anderen legen elegant ihre Visitenkarten auf der Messe vor – nur Sie haben Ihre im Büro vergessen? Wenn Sie in peinliche oder sogar brenzlige Situationen geraten, setzen Sie sich hin, wenn alles ausgestanden ist, und schreiben Sie in Ihre Kladde, was passiert ist, auch wenn Sie den Vorfall am liebsten einfach verdrängen würden. Was fehlte? Machen Sie sich eine Checkliste für die nächste Messe. Sie hatten Fehler in einer Excel-Datei oder Defizite anderer (fachlicher) Natur? Notieren Sie diese und arbeiten Sie daran. Es macht stolz und auch Spaß, später noch einmal die »gelernten Lektionen« durchzublättern und zu sehen, was Sie inzwischen besser können.

Warum Ihnen Kritik im Job weiterhelfen kann

Das Wort Kritik klingt für viele Menschen zunächst erst einmal abschreckend. Im Grunde ist eine Kritik aber nur eine Rückmeldung. Unser Gegenüber sagt uns, wie unser Verhalten oder unsere Leistung bei ihm angekommen sind. Besonders im Job brauchen wir diese Rückmeldung. Denn nur so erfahren wir, was wir falsch oder unzulänglich gemacht haben und wie wir unsere Arbeit verbessern können.

Alle erfolgreichen Profis, egal in welcher Branche, haben sich vor allem durch Kritik weiterentwickelt. Und wenn Sie einmal an Ihre Erfahrungen als Kind denken, dann erkennen Sie, dass Ihnen damals eine wohlwollende Rückmeldung von einem Erwachsenen sehr geholfen hat. Anfangs waren es unsere Eltern, die uns gezeigt haben, wie man beispielsweise mit Messer und Gabel umgeht oder sich selbst anzieht. Sie haben uns auch ein (hoffentlich gutes) Feedback gegeben, wenn wir Schwierigkeiten hatten, mit dem Messer das Fleisch zu schneiden oder wenn wir den Pullover falsch herum angezogen haben. Eine geduldige und konsequente Rückmeldung kann die persönliche Entwicklung enorm fördern.

Versuchen Sie nicht, jegliche Kritik zu vermeiden, sondern werden Sie im Gegenteil aktiv und organisieren Sie sich eine brauchbare Rückmeldung. Wenn Sie zum Beispiel einen neuen Aufgabenbereich übernommen haben, dann sind Sie dort wahrscheinlich zunächst Anfänger/in. Sie haben vielleicht gute theoretische Kenntnisse, aber die tägliche Praxis beherrschen Sie noch nicht so gut wie jemand, der dort jahrelange Erfahrungen gesammelt hat. Aber das ist kein Problem! Suchen Sie sich jemanden, den Sie als kompetent einschätzen. Das kann zum Beispiel Ihr Vorgesetzter sein, aber auch ein erfahrener Kollege kann Ihnen sicher helfen. Liefern Sie Ihre Arbeit ab und bitten Sie den Betreffenden gezielt um eine Rückmeldung.

Kritik ist nicht gleich Kritik

Es gibt brauchbare und unbrauchbare Kritik. Und nur mit konstruktiver Kritik, die Ihnen hilft, sich weiterzuentwickeln, müssen Sie sich wirklich auseinandersetzen. Eine brauchbare, konstruktive Kritik umfasst diese vier Punkte:

- Derjenige, der Sie kritisiert, ist kompetent. Eine Kritik nützt Ihnen überhaupt nichts, wenn sie von jemandem kommt, der noch weniger Ahnung hat als Sie selbst.
- Ein gute Kritik enthält immer zwei Seiten: Ihnen wird gesagt, was positiv ist und was Sie gut gemacht haben. Die andere Seite ist das, was Sie mangelhaft oder falsch gemacht haben. Sie brauchen eine Rückmeldung über Ihre Schwächen, aber auch über Ihre Stärken.
- Ein guter Kritiker kann Ihnen konkret sagen, wie Sie Ihre Arbeit verbessern oder die Fehler ausräumen können.
- Das Kritikgespräch verläuft ruhig und in einer vertrauensvollen Atmosphäre. Sie reden mit Ihrem Kritiker unter vier Augen und haben dabei Zeit, die Kritik in Ruhe anzuhören und aufzunehmen.

Wir alle können Kritik leichter ertragen, wenn sie ruhig und sachlich vorgebracht wird. Leider ist das im Alltag nicht immer selbstverständlich. Gerade am Arbeitsplatz fehlt häufig ein konstruktives, förderliches Feedback – es wird zuerst geschimpft und dann die Schuld verteilt.

Sie können ein schlechtes und destruktives Feedback sehr leicht erkennen. Derjenige, der einfach losschimpft, hat sich vorher keine Gedanken darüber gemacht, wie er die Sache vernünftig ansprechen kann. Stattdessen macht er seinem Ärger nur Luft. Eine unbrauchbare Kritik umfasst folgende Punkte:

- einen vorwurfsvollen oder ärgerlichen Tonfall,
- pauschale Verurteilungen (»Was haben Sie denn da bloß für einen Mist gemacht!«),
- persönliche Angriffe (»Haben Sie eigentlich heute Ihr Gehirn zu Hause vergessen?«),
- Übertreibungen oder Verallgemeinerungen (»Sie sind nie am Platz erreichbar, sondern andauernd woanders beschäftigt.«),
- einen unpassenden Ort (Geschimpfe auf dem Flur im Vorbeigehen oder vor anderen Mitarbeitern).

Was tun, wenn Sie unsachlich kritisiert werden?

Die meisten Menschen haben einfach nie gelernt, sachlich und konstruktiv zu kritisieren. Falls man Ihnen eine unsachliche Kritik an den Kopf wirft, heißt es zuerst: Ruhe bewahren. Auch wenn Sie innerlich noch so geladen sind, versuchen Sie möglichst beherrscht zu reagieren. Machen Sie nicht den gleichen Fehler wie Ihr Gesprächspartner, indem Sie loslegen, im wahrsten Sinne »blankziehen«, ohne vorher nachzudenken. Aber Sie müssen sich auch nicht kleinmachen und alles stumm über sich ergehen lassen!

In den vorangegangenen Kapiteln ging es vor allem darum, wie Sie selbstsicher ein Gespräch lenken können. Genau diese Fähigkeit brauchen Sie auch in dieser Situation!

Übernehmen Sie die Führung und geben Sie Ihrem unsachlichen Gegenüber noch eine Chance. Die Chance, sich konstruktiv und klar auszudrücken. Sie können das Ruder herumreißen und dafür sorgen, dass man mit Ihnen wirklich redet, statt nur zu schimpfen. Alles, was Sie dafür brauchen, ist eine gewisse Standfestigkeit und ein paar Fragen, die Sie Ihrem Gesprächspartner stellen. Durch Ihre Fragen wird er (oder sie) angeregt, sich doch noch präzise und sachlich auszudrücken.

>>Strategie: So gehen Sie gelassen mit unsachlicher Kritik um

- Lassen Sie Ihr Gegenüber ausreden.
- Gehen Sie dabei in Ihre königliche Muthaltung. Strahlen Sie eine ruhige Würde aus.
- Warten Sie ab, bis Ihr Gesprächspartner alles gesagt hat. Die nachfolgenden Schritte funktionieren nur, wenn er sich etwas beruhigt hat.
- Ignorieren Sie zunächst die unsachlichen Worte und den aufgebrachten Tonfall. Stattdessen stellen Sie genaue Fragen zum Sachverhalt.
- Fragen Sie so lange, bis Sie ganz genau verstehen, was der andere kritisiert. Stellen Sie dabei einfache, direkte Fragen wie:
  - »Was genau stört Sie?«
  - »Was genau habe ich Ihrer Meinung nach falsch gemacht?«
  - »Wie hätte ich diesen Fehler vermeiden können?«
  - »Wie hätte ich es Ihrer Meinung nach besser machen sollen?«
  - »Wie kann ich verhindern, dass das noch mal passiert?«
- Hören Sie genau zu, was Ihr Gesprächspartner antwortet, und versuchen Sie herauszufinden, was er oder sie tatsächlich von Ihnen will.
- Verteidigen Sie sich nicht, sondern wiederholen Sie kurz und in sachlichen Worten, was Sie verstanden haben.
- Jetzt können Sie überlegen, was Sie ändern wollen, oder gemeinsam besprechen, wie das Problem gelöst werden kann.
- Wenn Sie einen Fehler gemacht haben, dann entschuldigen Sie sich aufrichtig dafür. Und bieten Sie dem anderen gegebenenfalls eine Wiedergutmachung an. Das kann zum Beispiel sein, dass Sie den angerichteten Schaden wieder reparieren oder für eine professionelle Reparatur zah-

len. Oder Sie bieten an, eine Extraleistung zu erbringen (etwas, was Sie gut können, wie einen Kuchen backen, zum Essen einladen …), um den anderen für den Verdruss zu entschädigen. Oder Sie schicken einen Entschuldigungsbrief und bieten (ideelle) »Credits« an, bei denen sich der Betreffende selbst aussuchen kann, was er dafür möchte.

Erfahrungsbericht

Deutliche Rückmeldung

Im hohen Bogen flog das Protokoll, an dem Bettina den ganzen Vormittag gearbeitet hatte, auf ihren Schreibtisch. »So geht das nicht!«, rief ihr Chef ärgerlich. Bettina saß zunächst da wie ein begossener Pudel. Sie hatte zum ersten Mal an dem Meeting teilgenommen und alles protokolliert, was gesagt wurde. Obwohl sie sich mit dem Protokoll viel Mühe gegeben hatte, war ihr Chef offensichtlich nicht zufrieden. Doch mit seiner Rückmeldung konnte Bettina überhaupt nichts anfangen. Aber statt zu schmollen, fasste sie sich ein Herz und fragte ihren Chef: »Was genau gefällt Ihnen an dem Protokoll nicht?« Der rief, immer noch aufgebracht: »Ja, wer soll das denn lesen? Das ist ja ein Roman, den Sie da geschrieben haben!« Für Bettina war immer noch nicht ganz klar, was sie hätte besser machen können. Sie blieb hartnäckig und fragte noch einmal nach: »Wie sollte das Protokoll denn aussehen?« Ihr Chef antwortete immer noch ungehalten: »Schauen Sie sich mal die alten Protokolle an. Die sind nicht länger als eine Seite. Wir brauchen nur die Ergebnisse. Man muss sofort sehen, wer für welche Aufgaben zuständig ist.«

Jetzt wusste Bettina, worum es ging. Ihr war klar geworden, dass sie das Protokoll stark kürzen musste. »Okay«, sagte sie. »Ich schau mir jetzt gleich die vorherigen Protokolle an. Und dann ändere ich dieses hier.« Ihr Chef nickte und Bettina machte sich an die Arbeit.

Bettina bekam von Ihrem Chef zunächst eine völlig unklare, aber dafür ärgerliche Rückmeldung. Er war mit dem Protokoll nicht zufrieden, doch leider zeigte er zuerst nur seinen Unmut. Natürlich fühlte sie sich zunächst verletzt durch die Art, wie er sie angefaucht hatte. Dennoch tat Bettina das einzig Richtige. Mit ihren Fragen lenkte sie das Gespräch in eine konstruktive Richtung.

Das ist nicht einfach, wenn man sich selbst ungerecht behandelt fühlt. Aber Bettina ist es gelungen, Ruhe zu bewahren. Und sie wusste, wie sie eine unsachliche Kritik in eine brauchbare verwandeln kann.

Viele Menschen schimpfen erst einmal los, wenn etwas schiefgelaufen ist. Aber wenn sie sich beruhigt haben, können Sie auch mit diesen Menschen durchaus ein vernünftiges Gespräch führen. Deshalb ist es wichtig, dass Sie sich durch den Ärger des anderen weder einschüchtern noch provozieren lassen. Wenn Ihr Gegenüber von der Palme wieder runtergeklettert ist, können Sie mithilfe der Fragen erkennen, worum es wirklich geht. Oder ob hier jemand nur seine schlechte Laune an Ihnen ausgelassen hat.

Falls Ihr Gesprächspartner trotz Ihrer Fragen weiterschimpft, hat er sich vermutlich noch nicht beruhigt. Dann vertagen Sie das Gespräch besser auf später. Vielleicht will er auch überhaupt nicht sachlich werden. In dem Fall müssen Sie sich um die an Ihnen geübte Kritik nicht weiter kümmern. Denn es handelt sich um einen verbalen Angriff und nicht um eine ernst zu nehmende, aber leider verunglückte Rückmeldung (mehr zu verbalen Attacken ab → Seite 104).

Lassen Sie sich nicht überrumpeln

Wenn Sie eine Kritik plötzlich und aus heiterem Himmel trifft, ist es sehr schwierig, sich ruhig und überlegt diese Rückmeldung anzuhören. Wahrscheinlich sind Sie geschockt, können keinen klaren Gedanken fassen und sagen Dinge, die Sie später bereuen. Vielleicht fühlen Sie sich angegriffen und gehen instinktiv zum Gegenangriff über. Oder Sie fühlen sich schuldig, obwohl Sie bei näherer Betrachtung möglicherweise gar keinen Fehler gemacht haben.

Eine kritische Rückmeldung, die Ihnen zwischen Tür und Angel schnell mitgegeben wird, ist einfach unpassend. Lehnen Sie es ab, wichtige Dinge im Vorbeigehen oder unter Zeitdruck zu besprechen. Auch hier gilt wieder das Motto: Sie müssen nicht alles über sich ergehen lassen! Sie können das, was passiert, auch mitlenken.

Dabei ist das Gefühl, überrumpelt zu werden, sehr wichtig. Denn es ist ein Zeichen dafür, dass die Situation für Sie ungünstig ist. Es ist besser, wenn Sie sich eine Pause verschaffen und das Kritikgespräch zunächst

ERSTE HILFE

Selbstsicher bei überraschender **Kritik**

- Wenn Sie von einer Kritik überrascht werden, benutzen Sie Ihre königliche Muthaltung, um nach außen Souveränität auszustrahlen.
- Gehen Sie nicht inhaltlich auf das ein, was Ihr Gegenüber gesagt hat. Nehmen Sie keine Stellung zu den einzelnen Kritikpunkten.
- Bitten Sie Ihren Kritiker um ein ausführliches Gespräch, aber zu einem späteren Zeitpunkt.
- Schlagen Sie von sich aus einen Zeitpunkt vor, der Ihnen besser passt, zum Beispiel in einer Stunde oder am nächsten Tag.

vertagen. Vertagen heißt: Sie schlagen Ihrem Gegenüber vor, später ausführlich mit ihm (oder ihr) über den Kritikpunkt zu reden. Aber in diesem Moment sagen Sie nichts zu der Kritik.

>> Strategie: So gehen Sie mit überraschender Kritik um

Im Folgenden finden Sie drei Beispiele, die Ihnen zeigen, wie Sie auf eine überraschende Kritik reagieren können.

- Die überraschende Kritik: »Ach, Frau Meier, wie gut, dass ich Sie gerade treffe. Ihre Abrechnung stimmt ja mal wieder überhaupt nicht!«
  So können Sie antworten: »Oh, damit hab ich jetzt nicht gerechnet! Aber das möchte ich auf keinen Fall hier auf dem Flur besprechen. Kann ich deswegen in zehn Minuten zu Ihnen kommen?«
- Die überraschende Kritik: »Hallo! Schön, dich hier zu treffen. Aber sag mal, was du mit Thomas angestellt hast, ist ja ziemlich gruselig. Das kannst du doch mit dem armen Kerl nicht machen!«
  So können Sie antworten: »Mit dem, was du da sagst, hab ich jetzt nicht gerechnet. Und so schnell kann ich dir auch nicht antworten. Lass uns ein anderes Mal darüber reden. Vielleicht heute Nachmittag?«
- Die überraschende Kritik: »Hey, Sarah, bevor du jetzt weggehst, wollte ich dir nur kurz sagen, dass du mit deinem Menüplan voll danebenliegst. Die einzelnen Gänge passen überhaupt nicht zueinander.«
  So können Sie antworten: »Ich würde gern deine Meinung dazu hören. Aber jetzt ist es schon ziemlich spät. Können wir deswegen morgen miteinander telefonieren? Wie wär's vormittags?«

Mit dieser Strategie verschaffen Sie sich Bedenkzeit. Dabei geben Sie weder einen Fehler zu, noch weisen Sie die Kritik zurück. Sie bitten nur um ein Gespräch, bei dem Sie sich besser auf die Kritik einstellen können. Denn erst, wenn Sie wirklich aufnahmebereit sind, können Sie sich mit der Kritik auseinandersetzen.

Stopp! Wehren Sie sich gegen Einmischung und Bevormundung

Bei einer brauchbaren Kritik erfahren Sie etwas, das Ihnen weiterhilft. Aber es gibt auch kritische Rückmeldungen, die für Sie nicht nützlich sind. Zunächst mag es aussehen, als würde Ihnen Ihr Gesprächspartner helfen wollen, Ihnen einen Tipp geben oder Sie konstruktiv kritisieren. Doch bei näherem Hinsehen merken Sie, dass Ihr Gegenüber sich einfach nur in Ihre Angelegenheiten eingemischt hat.

Es ist allein Ihre Sache, ob Sie lieber Käse oder Wurst aufs Brot legen. Ob Sie eine runde oder eher eckige Brille tragen oder doch Kontaktlinsen bevorzugen. Nur Sie entscheiden, ob Sie Tagebuch schreiben, Spanisch lernen oder weiße Tischdecken mögen. Ihre Vorlieben und Abneigungen sind Ihre Angelegenheit. Und solange sich niemand dadurch gestört fühlt, geht das Ihre Mitmenschen auch nichts an.

Sie allein entscheiden über das, was nur Sie etwas angeht. Eine Kritik, mit der sich jemand in Ihre persönlichen Angelegenheiten einmischt, können Sie zurückweisen.

Erfahrungsbericht

Einmischungen unerwünscht

Lukas und Natalie hatten Ihre erste gemeinsame Wohnung bezogen. Besonders stolz waren die beiden auf ihr Wohnzimmer. Es gab dort ein großes, weißes Ecksofa mit meerblauen Kissen. Endlich kamen Natalies Eltern vorbei, um sich die neue Wohnung anzuschauen. Doch kaum saßen die Eltern im Wohnzimmer, da fiel schon die erste kri-

tische Bemerkung: »Sagt mal, findet ihr das schön mit diesem Sofa hier? Das ist doch eigentlich viel zu groß für den Raum – oder?«, fragte Natalies Mutter. Lukas erklärte, wie lange sie danach gesucht hatten. Natalies Mutter schüttelte den Kopf: »Das hättet ihr doch besser in einer anderen Farbe gekauft. Schaut mal, dieses Weiß wird doch so schnell dreckig. Und den Bezug könnt ihr bestimmt nicht so einfach abnehmen und waschen.« Natalies Vater machte gleich einen Vorschlag: »Also ich finde, ihr solltet dann wenigstens ein paar Decken auf die Sitzfläche legen. Wir haben zu Hause viele Wolldecken, die wir nicht mehr brauchen. Die bringen wir euch das nächste Mal mit.« Lukas lachte und sagte schlicht: »Nein, danke.« Aber Natalie wurde langsam immer wütender. Sie kam sich vor wie ein kleines Kind, dem gesagt wird, dass es alles falsch gemacht hat. Statt dass sich ihre Eltern über die neue Wohnung freuten, gab es bisher nur Kritik und Verbesserungsvorschläge. Natalie sagte ihren Eltern, was sie störte: »Mir gefällt unser Wohnzimmer, so wie es ist. Und ich bin ziemlich enttäuscht, dass ihr so viel daran auszusetzen habt. Ich hatte eigentlich erwartet, dass ihr euch mit uns freut!« Natalies Eltern versuchten, die Wogen zu glätten, machten dabei aber weitere Verbesserungsvorschläge. Natalie beschloss, deutlicher zu werden: »Wie wir uns einrichten, ist allein unsere Sache. Bitte versteht, dass wir da keine Ratschläge von euch benötigen.« Darauf antwortete Natalies Mutter beschwichtigend: »Wir meinen es ja nur gut mit euch. Schließlich seid ihr beide noch so jung, und da könntet ihr doch ein paar Tipps von uns gebrauchen. Aber macht ihr nur euere Erfahrungen. Wir halten uns da raus.« Natalie nickte, und Lukas sagte: »Das ist in Ordnung. Wie wär's jetzt mit Kaffee und Kuchen?«

Natalie ist hier ein kleines Kunststück gelungen. Sie hat die Kritik ihrer Eltern als Einmischung erkannt. Aber statt sich darüber laut aufzuregen, hat sie die Einmischung ruhig zurückgewiesen. Mit ihren klaren Worten konnte sie eine Grenze ziehen und deutlich machen, dass sie an dieser Stelle keine Ratschläge und Tipps braucht.

Um wessen Angelegenheit geht es hier?

Es ist nicht immer leicht, Einmischung klar zu erkennen. Vielleicht fühlen Sie sich zunächst nur enttäuscht oder bevormundet, weil Ihr Gesprächspartner Ihnen etwas Negatives sagt. Es kann dauern, bis Sie merken, dass sich Ihr Gegenüber in Ihre Angelegenheiten eingemischt hat. Deshalb ist es in solchen Situationen ratsam, sich nicht gleich zu rechtfertigen oder eine Diskussion anzufangen.

Besser ist es, wenn Sie sich kurz besinnen, bevor Sie antworten. Fragen Sie sich selbst: Um wessen Angelegenheit geht es hier eigentlich? Wenn Sie feststellen, dass es allein Ihre Sache ist und Ihr Gesprächspartner damit nichts zu tun hat, dann handelt es sich um eine Einmischung.

>> **Strategie:** So weisen Sie eine Einmischung zurück

- Strahlen Sie eine ruhige Selbstsicherheit aus.
- Gehen Sie inhaltlich nicht auf die Einmischung ein. Ziehen Sie eine klare Grenze. Beispielsweise so:
  - »Das ist allein meine Sache.« (Oder wenn Sie zu zweit sind: »Das ist allein unsere Sache.«)
  - »Das ist meine Angelegenheit, und da entscheide ich, wie ich es für richtig halte.«
  - »Danke, aber hier brauche ich keine Tipps und Ratschläge. Das ist meine Angelegenheit.«
  - »Ja, ich habe deine Meinung gehört. Und es ist allein meine Sache, was ich tue.«
- Falls Ihr Gesprächspartner nicht locker lässt, wiederholen Sie einfach Ihren »Bitte-keine-Einmischung«-Satz. Bleiben Sie dabei weiterhin ruhig und gelassen.

Das Ganze muss weder aggressiv noch abweisend klingen. Sie können deutlich sagen, dass Sie keine Kritik brauchen, und dabei sehr freundlich, ja sogar charmant sein. Beispielsweise so: »Weißt du, ich mag diese Musik. Du hast gesagt, dass du damit nichts anfangen kannst. Das ist okay. Lass mir einfach meine Musik und ich lass dir deine.«

Auch wenn Sie ratlos sind – zeigen Sie sich selbstsicher

Falls sich Ihre Freunde und Verwandten häufig bei Ihnen einmischen, überprüfen Sie einmal Ihr Verhalten. Könnte es daran liegen, dass Sie häufig Unsicherheit ausstrahlen oder gar um Rat fragen? Wenn Sie im Gespräch zeigen, dass Sie ratlos sind, kann das Ihre Mitmenschen dazu ermuntern, Ihnen Ratschläge zu geben oder Sie zu kritisieren. Je schwächer Sie wirken, desto eher wird Ihr Gegenüber in die Rolle eines Besserwissers schlüpfen.

Letztlich entscheiden Sie

Auch wenn Sie manchmal nicht weiterwissen oder sich über eine Sache noch nicht im Klaren sind, können Sie trotzdem selbstsicher auftreten. Sie sind sich dann einfach sehr sicher, dass Sie noch ratlos sind. Das klingt zunächst seltsam, ist aber ganz plausibel. Ratlos zu sein, ist vollkommen normal und kommt im Alltag häufiger vor. Beispielsweise, wenn Sie neue Kleidungsstücke anprobieren oder eine neue Wohnung suchen. Während Sie sich das Angebot anschauen, wissen Sie noch nicht, was für Sie das Richtige ist. Sie sind sich noch nicht sicher. Und natürlich können Sie sich auch die Meinung Ihrer Freunde und Verwandten dazu anhören. Zeigen Sie aber auch, dass Sie Ihre Angelegenheiten letztendlich selbst entscheiden. Jeder kann Ihnen Tipps geben, aber Sie regeln Ihr Leben so, wie Sie das wollen und für sinnvoll halten. Auch wenn Sie noch zögern oder unschlüssig sind – Sie bleiben dabei selbstsicher.

Wenn Ihr Gesprächspartner unsachlich wird

Mit Ihrer würdevollen Haltung sind Sie respektabel. Und Sie zeigen auch anderen Menschen gegenüber Respekt. Das ist der beste Schutz gegen verbale Angriffe und unsachliche Bemerkungen. Aber leider ist dieser Schutz nicht hundertprozentig. Obwohl Sie sehr selbstsicher sind, kann es Ihnen im Alltag passieren, dass Ihr Gegenüber versucht, Sie zu provozieren, oder Sie mit einem dummen Spruch attackiert.

Was ist eigentlich eine unsachliche Bemerkung? Oft sind das einfach nur herabsetzende, stichelnde Kommentare, wie etwa diese:

- »Ach, Sie sind so hübsch – Sie müssen nicht auch noch schlau sein!«
- »Ich hab einen guten Tipp für Sie: Erst Gehirn einschalten, dann Mund aufmachen.«
- »Typisch Frau!«
- »Sie wirken auf mich, als hätten Sie keinen Schulabschluss.«

Wenn uns das jemand plötzlich an den Kopf wirft, fällt uns dazu spontan meistens keine Antwort ein. Und dann geht das Grübeln los. Der dumme Spruch hat vielleicht nur drei Sekunden gedauert, aber man kann darüber stundenlang nachdenken. Vielleicht fällt uns irgendwann doch noch eine passende Retourkutsche ein, aber jetzt ist es zu spät. Die Situation ist schon längst vorbei.

Nehmen Sie es nicht persönlich

Sticheleien und unsachliche Bemerkungen, die wie die oben erwähnten schon sehr ans »Eingemachte« gehen, haben durchaus eine Langzeitwirkung. Und wenn wir damit nicht souverän umgehen können, kratzen sie auch sehr an unserem Selbstbewusstsein. Damit Sie selbstsicher reagieren können, ist es zunächst wichtig, dass Sie eine unsachliche Bemerkung nicht persönlich nehmen. Zweifellos hat Ihr Gegenüber diese Worte zu Ihnen gesagt, aber Sie sind nicht der Anlass, warum es das gesagt hat.

Was steckt also dahinter, wenn Menschen zu solchen verbalen Attacken greifen? Ich habe hier die häufigsten Gründe für Sie aufgelistet:

1. **MANGELNDE DURCHSETZUNGSKRAFT:**
   Manche Menschen wissen nicht, wie sie sich ohne Aggressionen durchsetzen können. Deshalb neigen sie dazu, herabsetzend zu werden, wenn sie etwas erreichen wollen, aber sich dabei nicht richtig ausdrücken können.
2. **AUFGESTAUTER ÄRGER:**
   Viele Menschen werden durch ihren Ärger dazu verleitet, andere mit Worten anzugreifen. Statt einmal deutlich zu sagen: »Ich bin wütend«, wird der andere nur attackiert und beleidigt.
3. **SCHLECHTE LAUNE:**
   Schlechte Laune kann dazu führen, dass die Kommunikation frostig wird. Und wer mürrisch ist, neigt dazu, abfällige Bemerkungen zu machen. Das Gleiche gilt für Müdigkeit und Stress. Selbst Menschen, die sonst charmant sind, werden dann mitunter bissig (→ »Druck«).
4. **INNERER DRUCK:**
   Zeitdruck und Stress führen bei vielen Menschen dazu, dass sie ihre höflichen Umgangformen aufgeben. Den inneren Druck geben sie dann in Form von harten Attacken an andere weiter.
5. **BISSIGKEIT ALS NORMALE UMGANGSFORM:**
   Für einige Menschen ist das Sprücheklopfen ein Teil ihrer normalen Umgangsformen. Sie finden es locker und witzig, so zu reden. Oft fehlt ihnen einfach das Gespür dafür, dass sie damit ihr Gegenüber verletzen könnten.

Wenn Ihr Gegenüber Sie mit Worten angreift, dann sagt das mehr über es und seine Stimmung aus als über Sie. Anders gesagt: Ihr Gesprächspartner hat ein Problem. Nicht Sie.

Für Sie ist nur wichtig, dass Sie sich nicht auf das niedrige Niveau Ihres Gegenübers herunterziehen lassen. Denn falls auch Sie unsachlich werden, kann das Ganze leicht eskalieren. Ein kränkender Spruch führt zum nächsten. Und dabei ist jede verletzende Bemerkung noch ein wenig härter als die vorangegangene. So wird aus einem Schlagabtausch blitzschnell ein handfester Streit. Versuchen Sie auch nicht, solche Gesprächspartner mit Ihrer Schlagfertigkeit zu beeindrucken. Wenn jemand gerade sein Schlechtestes gegeben hat, müssen Sie nicht Ihr Bestes geben.

Um mit unsachlichen Bemerkungen gelassen fertig zu werden, brauchen Sie auch hier eine selbstsichere innere Einstellung. Dazu gehört, dass Sie so reagieren können, wie Sie es für angemessen halten.

AUF EINEN BLICK

Ihre selbstsichere innere Einstellung bei unsachlichen Bemerkungen

- Sie haben das Recht, in Ruhe nachzudenken, bevor Sie etwas sagen.
- Sie haben das Recht, auf eine unsachliche oder verletzende Bemerkung nicht zu antworten.
- Sie müssen Ihrem Gegenüber nicht beweisen, dass Sie schlagfertig oder witzig sind.
- Wenn Sie es für richtig halten, können Sie Ihrem Gegenüber sagen, dass seine Bemerkung Sie verletzt hat.
- Es ist vollkommen in Ordnung, wenn Sie darauf bestehen, dass andere Menschen sachlich und höflich mit Ihnen reden.
- Sie haben das Recht, bei verletzenden Bemerkungen ein Gespräch auf der Stelle abzubrechen.

Kein Anschluss unter dieser Nummer

Generell gilt: Je wichtiger Ihnen ein Mensch ist, desto ernsthafter sollten Sie mit unsachlichen Bemerkungen umgehen. Verletzende Sprüche können eine Beziehung enorm belasten, vielleicht sogar zerstören. Zeigen Sie deshalb ganz deutlich, wo bei Ihnen eine Grenze erreicht ist und welche Umgangsformen Sie auf keinen Fall dulden. Dafür können Sie auch diese beiden Strategien nutzen: »So sagen Sie Sie deutlich und freundlich Nein« (→ Seite 51) und »Ärgernisse selbstsicher ansprechen« (→ Seite 71 f.).

Reden Sie Klartext und zeigen Sie Ihrem Gegenüber deutlich, dass Sie nicht so behandelt werden möchten. Wie Sie das ausdrücken können, ohne dabei selbst verletzend zu werden, zeigt die folgende Strategie.

>> Strategie: So werden Sie selbstsicher mit einer unsachlichen Bemerkung fertig

- Nutzen Sie Ihre königliche Muthaltung, um mehr persönliche Autorität auszustrahlen. Schauen Sie Ihrem Gegenüber in die Augen und sprechen Sie langsam, mit einer etwas tieferen Stimme.
- Erklären Sie dem anderen, dass Sie so nicht weiterreden wollen. Bitten Sie um mehr Sachlichkeit.
- Sprechen Sie in einfachen Sätzen, ohne lange Erklärungen. Das können Sie beispielsweise so ausdrücken:
  - »Auf diese Bemerkung möchte ich nicht antworten. Ich würde die ganze Angelegenheit stattdessen lieber sachlich und vernünftig mit dir besprechen.«
  - »Solche Sprüche mag ich nicht. Könnten wir sachlich bleiben?«
  - »Das war jetzt für mich verletzend. Mir ist es lieber, wenn Sie mir sachlich erklären, was Sie stört, ohne mich dabei anzugreifen.«
  - »Ich möchte nicht, dass du so mit mir sprichst. Wenn wir darüber reden, dann bitte ohne diese Sprüche.«

- Falls Ihr Gegenüber behauptet, Sie wären zu humorlos oder zu empfindlich, antworten Sie nicht darauf. Wiederholen Sie nur ganz ruhig Ihre Bitte um mehr Sachlichkeit.

Zeigen Sie mehr Autorität

Sie können sich leichter gegen eine schlechte Behandlung wehren, wenn Sie eine ruhige Autorität ausstrahlen. Denn diese ruhige Autorität verstärkt Ihre Worte enorm. Oder anders ausgedrückt: Ihr Gegenüber hört nicht nur, was Sie sagen, er oder sie achtet auch darauf, WIE Sie etwas sagen. Ihre Stimme, Lautstärke, Körpersprache, ja Ihre gesamte Ausstrahlung ist dabei entscheidend. Denn daran erkennt der andere, ob seine unsachliche Bemerkung bei Ihnen ins Schwarze getroffen hat.

Schon allein durch eine würdevolle Ausstrahlung zeigen Sie jedem Sprücheklopfer, dass seine Attacken bei Ihnen ins Leere laufen. Wenn Sie mit schriller, aufgeregter Stimme reden und wütend werden oder eingeschüchtert in sich zusammensinken, dann signalisiert das Ihrem Gegenüber, dass es einen Treffer gelandet hat. Und das kann für einen Sprücheklopfer ein gutes Erfolgserlebnis sein. Vielleicht sogar eins, das ihn diese verwundbare Stelle wieder ansteuern lässt … Deshalb ist in solchen Situationen Ihre königliche Muthaltung besonders wichtig! In dieser Körpersprache wirken Sie immer souverän, auch wenn Sie sich innerlich vermutlich ganz anders fühlen.

Die plötzliche Attacke

Manchmal kommt eine dumme Bemerkung völlig überraschend. Stellen Sie sich vor, Sie werden mitten in einem harmlosen Gespräch aus heiterem Himmel verbal attackiert oder persönlich beleidigt. Für die meisten ist das erst mal eine schockierende Erfahrung. Ein Angriff mit

Worten kann ebenso erschüttern wie körperliche Gewalt. Was Sie jetzt zuallererst brauchen, ist eine sehr einfache Strategie, um sich von dem Schock zu erholen (→ Erste-Hilfe-Kasten, Seite 110). Selbstsichere Reaktionen auf diese Attacke können dann später noch folgen, wenn Sie sich gefangen haben.

Solange Sie unter Schock stehen, geht es nur um Sie. Zuerst kümmern Sie sich um sich selbst. Ihr Gesprächspartner kann warten. Eine weitere Auseinandersetzung ist erst dann möglich, wenn Sie wieder klar denken können. Falls Sie noch unter Schock stehen und es trotzdem versuchen, kann es Ihnen passieren, dass Sie sich um Kopf und Kragen reden oder die Situation restlos eskaliert. Denken Sie deshalb daran: Zuerst raus aus dem Schock! Anschließend überlegen Sie sich, was Sie WIRKLICH wollen. Und erst dann führen Sie ein Gespräch, falls Sie das für sinnvoll halten.

Die üblichen Sticheleien und andere Bissigkeiten

Es gibt auch Situationen, in denen Sie sich um eine unsachliche Bemerkung nicht kümmern müssen. Vielleicht werden Sie auf dem Bahnhof von einem Fremden beschimpft, weil Sie ihm im Weg stehen. Oder ein Kollege, mit dem Sie nicht viel zu tun haben, sitzt in der Kaffeepause neben Ihnen und klopft dort seine Sprüche. Hier gibt es keine Angelegenheit, die zu klären wäre. Kein Problem, das man im Gespräch lösen könnte. Es geht um nichts Wichtiges. Deshalb können Sie es sich hier auch besonders leicht machen.

Am besten gelingt Ihnen das mit Ihrer königlichen Muthaltung. In einer aufrechten Haltung mit erhobenem Haupt zeigen Sie wortlos, dass Sie obenauf sind. Sie sind stark, aber die ganze Situation ist es nicht wert, dass Sie auch nur ein Wort darüber verlieren. Sie investieren einfach keine Energie in diesen Blödsinn. Ihr souveränes Schweigen ist die

So reagieren Sie auf eine Kränkung

- Verändern Sie Ihre Körperhaltung: Richten Sie sich auf, lassen Sie die Schultern breit werden und tiefer sinken, atmen Sie mehrmals tief ein und aus, um sich zu beruhigen.
- Halten Sie Blickkontakt mit Ihrem Gegenüber, schauen Sie es ruhig an und vermeiden Sie Nervositätsgesten.
- Setzen Sie sich nicht unter Druck. Sie müssen jetzt nichts sagen.
- Fühlen Sie alle Ihre Gefühle, lassen Sie alle Emotionen zu, ohne etwas daran ändern zu wollen.
- Falls Sie doch sofort etwas sagen möchten, dann sprechen Sie über das, was Sie jetzt empfinden. Sprechen Sie in einem ruhigen Tonfall, mit ernster und strenger Stimme. Sie können beispielsweise sagen:
  - »Das hat mich jetzt wirklich verletzt.«
  - »Ich bin so schockiert, dass ich im Moment nichts dazu sagen kann.«
  - »Deine Worte haben mich richtig getroffen.«
  - »Diese Bemerkung macht mich wütend. Ich möchte auf keinen Fall, dass Sie so mit mir reden.«

  Aber denken Sie daran: Sie müssen nichts sagen.
- Falls Ihr Gegenüber Sie weiterhin attackiert oder versucht, sich herauszuwinden, wiederholen Sie einfach Ihren Satz. Oder schauen Sie es streng und schweigend an.
- Sie können auch ohne eine weitere Erklärung das Gespräch abbrechen und weggehen beziehungsweise den Raum verlassen.

beste Antwort auf eine dumme Bemerkung. Denn keine Aufmerksamkeit zu bekommen und ignoriert zu werden, kann für einen Sprücheklopfer eine harte Strafe sein.

Aber möglicherweise möchten Sie doch etwas sagen. Vielleicht weil viele Leute zuhören und ganz neugierig darauf warten, wie Sie jetzt wohl reagieren werden. Oder weil Sie selbst erleichtert sind, wenn Sie dem anderen antworten können.

Ich habe eine Kontrastrategie entwickelt, die fast immer passt und die Sie sich leicht merken können. Die Kontraantwort besteht nur aus zwei Silben, wie etwa »So, so!« oder »Ach, was?«. Zwei Silben, die im Grunde überhaupt nichts aussagen. Besonders, wenn jemand Sie mit Worten provozieren will, ist die zweisilbige Antwort eine sehr gute Möglichkeit, den anderen einfach auflaufen zu lassen. Sie geben zwar ein paar Laute von sich, aber zugleich gehen Sie mit keinem Wort auf die Provokation ein. Ihr Gegenüber läuft mit seiner unsachlichen Bemerkung komplett ins Leere.

Hier ein Beispiel, das Ihnen zeigt, wie leicht eine zweisilbige Antwort ist:

- Die Provokation: »Mit deiner neuen Frisur siehst du aus wie ein abgebrannter Igel!«
  Die zweisilbige Antwort: »Ach, was?«
- Der Provokateur: »Doch, ehrlich! Damit kannst du kleine Kinder erschrecken.«
  Antwort: »So, so!«
- Der Provokateur: »Du hast einfach keinen Geschmack, wenn es um deine Frisur geht.«
  Antwort: »A-ha!«

So zeigen Sie Ihrem Gegenüber deutlich, dass seine Sticheleien an Ihnen abprallen, wie ein Tischtennisball an der Tischtennisplatte. Nichts bleibt an Ihnen haften. Mit den zwei Silben sagen Sie im Grunde nichts, geben aber trotzdem eine Antwort. Damit können Sie jede Provokation ohne großen Aufwand aushebeln.

>> Strategie: Die zweisilbige Antwort

- Zeigen Sie Ihrem Gegenüber, dass jede Provokation wirkungslos an Ihnen abprallt.
- Antworten Sie einfach mit zwei Silben, wie: Ach, was?, Aha!, So, so!, Hm, hm!, Nanu?, Oha!, Potz Blitz!
- Wenn Sie wollen, können Sie nach den zwei Silben sofort das Thema wechseln und über das reden, was Sie für wichtig halten.

Probieren Sie diese Strategie ruhig mal aus. Nehmen wir einmal an, jemand wirft Ihnen eine der Bemerkungen an den Kopf, die ich am Anfang dieses Kapitels genannt habe. So etwas wie: »Typisch Frau!« Oder: »Erst Gehirn anschalten, dann Mund aufmachen.« Wie würde Ihre zweisilbige Antwort lauten? Und vielleicht fallen Ihnen auch zwei neue Silben dazu ein.

Eine verbale Attacke kann durchaus Spaß bringen – und zwar Ihnen. Aber noch viel wichtiger ist Ihr Erfolgserlebnis, wenn Sie merken, dass Sie ruhig geblieben sind, sich nicht haben provozieren lassen und die ganze Sache an Ihnen abgeprallt ist.

Wenn Ihr Gegenüber unsachlich wird, können Sie trotzdem bei dem bleiben, was Sie wollen. Sie müssen sich nicht in seine Gedankengänge verwickeln lassen. Sie müssen auch nichts klarstellen oder schlagkräftige Gegenargumente präsentieren. Falls Sie auf die unsachlichen Bemerkungen eingehen möchten, dann tun Sie das, aber ohne sich aufzuregen! Und denken Sie anschließend nicht mehr lange darüber nach. Versprochen? Es lohnt sich wirklich nicht, länger zu grübeln, ob es vielleicht doch noch eine bessere Antwort gegeben hätte. Die Situation ist aus und vorbei. Sie können die Vergangenheit nicht mehr ändern. Also lassen Sie sie einfach ruhen! Das Beste, was Sie mit dummen Sprüchen und unsachlichen Bemerkungen tun können, ist, das Ganze zu vergessen.

Fair bleiben – auch im Streit

Dort, wo Menschen miteinander leben oder zusammenarbeiten, kann es auch zu Meinungsverschiedenheiten kommen. Auch wenn man sich noch so gut versteht, manchmal gehen die Interessen auseinander und es kommt zum Streit. Dabei kann leicht ein ganzes Knäuel von Verwicklungen entstehen. Gefühle kochen hoch, Diskussionen werden hitziger und man redet schnell aneinander vorbei. Ein richtiger Streit ist leider meist ein Gewirr von gegensätzlichen Meinungen, tiefer liegenden Befürchtungen und mürrischen Attacken. Das kann eine wirkliche Nagelprobe für Ihre Selbstsicherheit sein!

Schweigen oder kämpfen?

Die größte Herausforderung bei einem Streit ist, sich ihm wirklich zu stellen und mit dem anderen zu reden, bis irgendeine Form von Lösung erreicht ist. Leider können wir im Alltag oft das Gegenteil erleben. Statt eine Aussprache zu suchen, vermeiden viele Menschen dieses klärende Gespräch, solange es geht.

Neben dem **SCHWEIGEN** gibt es aber noch eine weitere untaugliche Methode, einen Konflikt zu lösen. Das ist der **KAMPF**. Bei einem Kampf hört keiner dem anderen mehr zu, sondern jeder versucht stur, seine Argumente durchzuboxen. Es entstehen immer mehr Missverständnisse, und statt miteinander zu reden, wird nur noch attackiert. Und wer so behandelt wird, wehrt sich dagegen – oft mit Drohungen und Erpressungen. (Erpressungen sind zum Beispiel: »Wenn du das noch mal machst, schmeiße ich alles hin und ziehe aus!« Oder: »Sie wollen sich querstellen? Machen Sie nur so weiter. Draußen gibt es Hunderte, die gern Ihren Arbeitsplatz hätten.«) Irgendwann hat jede Seite so viele Kränkungen und Verletzungen hinnehmen müssen, dass man sich nur noch am anderen rächen will. Scheinbar gibt es keine gemeinsame Basis mehr, um überhaupt noch vernünftig miteinander zu reden. Der Konflikt bleibt ungelöst.

Aber so weit muss es nicht kommen. Das Ausweichen vor einem Konflikt, aber auch das erbarmungslose Kämpfen sind beides Zeichen von mangelnder Selbstsicherheit. Beides ist schädlich und beides führt in die Sackgasse! Selbstsicher sind Sie dann, wenn Sie auf das setzen, was funktioniert und Sie weiterbringt: gute Kommunikation. Es beginnt damit, einen Streit rechtzeitig zu stoppen, bevor er sich zuspitzt und zu einem ständigen Schlachtfeld wird.

Es ist sehr hilfreich, wenn Sie ein gutes inneres Frühwarnsystem haben und schnell erkennen, ob ein Streit am Horizont aufzieht. Denn solange die Spannungen noch klein sind, können Sie die Sache leicht mit dem anderen klären.

Bitten Sie um eine Aussprache

Meinungsverschiedenheiten und Konflikte lassen sich nur dann zufriedenstellend klären, wenn Sie mit Ihrem Gegenüber sprechen. Der erste Schritt besteht darin, dass Sie Ihren Mut zusammennehmen und den anderen um eine Aussprache bitten. Bei so einer Aussprache haben beide Seiten die Chance zu sagen, worüber man sich geärgert hat und was man sich stattdessen wünscht. Warten Sie nicht darauf, dass Ihr Gegenüber zuerst vernünftig wird und sich eine Aussprache mit Ihnen wünscht. Machen Sie den Anfang – und bereiten Sie sich auf das Gespräch so vor, wie Sie es hier lesen (→ Seite 116).

Selbstsicherheit bedeutet auch, den Mut aufzubringen und um ein Gespräch zu bitten, ohne vorher zu wissen, ob der andere sich darauf einlässt! Und ohne zu wissen, was am Ende dabei herauskommt. Hier finden Sie eine Strategie, die Ihnen dabei hilft, diesen ersten Schritt zu tun.

Entsteht da ein Konflikt?

Die folgenden Aussagen zeigen, ob zwischen Ihnen und einem anderen Menschen unterschwellige Spannungen herrschen. Überprüfen Sie, ob eine oder mehrere dieser Aussagen auf Sie zutreffen.

	ja	nein
Sie stellen bei sich fest, dass Sie einem bestimmten Menschen aus dem Weg gehen. Oder Sie merken, dass der Betreffende Ihnen aus dem Weg geht.	○	○
Sie sind häufiger sauer über ein bestimmtes Verhalten, sagen dem Betreffenden aber nichts darüber.	○	○
Sie sind innerlich in einer Lauerstellung und beobachten, ob der andere schon wieder das tut, was Sie nicht mögen.	○	○
Im Kopf haben Sie eine Art Fehlerliste. Alles, was der andere falsch macht, merken Sie sich.	○	○
Sie beklagen sich ziemlich häufig bei anderen Leuten über die betreffende Person.	○	○
Sie suchen nach Verbündeten. Sie freuen sich über jeden, der den Betreffenden auch nicht mag.	○	○
Sie sehen an dem Betreffenden nur noch seine negativen Seiten. Das Positive fällt Ihnen nicht mehr auf.	○	○

Auswertung

Wenn zwei oder mehrere Aussagen auf Sie zutreffen, sind Sie mit einer Person sehr unzufrieden. Es genügen aber bereits leichte Spannungen im Umgang mit dem Betreffenden, um Ihnen den Alltag zu vermiesen. Es lohnt sich deshalb auf jeden Fall, darüber nachzudenken, wie Sie die Sache bereinigen oder auflösen können. Überlegen Sie, ob Sie der betreffenden Person sagen, was Sie stört, oder ob es vielleicht ein Missverständnis gibt, über das Sie miteinander reden müssten.

>> Strategie: So können Sie Ihr Gegenüber um eine Aussprache bitten

- Überlegen Sie vorher, mit welchen Worten Sie den anderen um eine Aussprache bitten wollen.
- Suchen Sie einen ruhigen Moment und sprechen Sie denjenigen allein an, mit dem Sie eine Meinungsverschiedenheit haben.
- Sagen Sie Ihrem Gegenüber, dass Sie gern über die Meinungsverschiedenheit oder die Spannungen in Ruhe reden wollen. Vermeiden Sie dabei Worte, die der andere sofort als Angriff verstehen könnte.
- Benutzen Sie Ich- oder Wir-Sätze, die neutral und sachlich klingen, wie etwa diese:
  - »Darüber möchte ich gern in Ruhe sprechen. Ich würde die Sache gerne klären. Ginge das heute noch oder doch lieber morgen?«
  - »Wir müssten mal über …« (Hier nennen Sie das Thema.) »… reden. Wann wollen wir das machen?«
  - »Im Moment ist ziemlich dicke Luft zwischen uns beiden. Wollen wir uns nicht einmal zusammensetzen und darüber reden?«
- Überlegen Sie gemeinsam mit Ihrem Gegenüber, wann und wo ein geeigneter Zeitpunkt für ein Gespräch wäre. Und dann treffen Sie eine Verabredung.
- Halten Sie sich unbedingt an diese Verabredung!

Zeigen Sie deutlich, dass Sie abrüsten wollen

Die Art und Weise, wie Sie um so eine Aussprache bitten, ist enorm wichtig. Denn Ihr Gegenüber erkennt sofort, ob Sie es auch ernst meinen und wirklich das Problem klären möchten oder ob Sie nur weiterstreiten wollen.

Sie motivieren den anderen nicht, wenn Sie beispielsweise im anklagenden Tonfall sagen: »Über den Quatsch, den du da verzapft hast, müssen wir mal in Ruhe reden.« Der andere wird ebenso innerlich dichtmachen, wenn er diesen Satz hört: »Wir müssen mal miteinander reden, damit Sie zur Vernunft kommen und einsehen, dass es so nicht weitergehen kann.«

Falls Ihr Gegenüber merkt, dass Sie weiterhin auf dem Kriegsfuß sind, wird es die Aussprache ablehnen. Oder es wird zusagen, sich innerlich aber auf einen weiteren Kampf einstellen.

Machen Sie sich darauf gefasst, dass Ihr Gegenüber in jedem Fall, unabhängig von Ihrer Formulierung, Ihre guten Absichten testen wird. Bleiben Sie daher bei der Bitte um eine Aussprache sehr ruhig und gefasst, auch wenn Sie zunächst eine verbale Attacke zu hören bekommen.

Natürlich können Sie Ihr Gegenüber nicht zwingen, mit Ihnen zu reden. Aber wenn Sie in einem ruhigen Tonfall, mit sachlichen Worten um eine Aussprache bitten, setzen Sie damit ein positives Signal. Sie zeigen deutlich, dass Sie das Problem wirklich aus der Welt schaffen wollen. Allein Ihr Wunsch nach einer Aussprache kann beim anderen die Hoffnung wecken, dass die Spannungen ein Ende haben könnten.

Wie Sie sich die Aussprache erleichtern können

Konflikte, die schon länger andauern, lassen sich meistens nicht in einem einzigen Gespräch aus der Welt schaffen. Stellen Sie sich darauf ein, mehrmals mit Ihrem Gegenüber zu reden. Vielleicht kommen in der ersten Aussprache viele aufgestaute Emotionen an die Oberfläche. Das ist kein schlechtes Zeichen. Denn jetzt setzt sich etwas in Bewegung. Allerdings können sachliche Lösungsideen erst entstehen, wenn sich die Emotionen auf beiden Seiten beruhigt haben.

So eine gemeinsame Aussprache kann sehr unterschiedlich ablaufen. Einzelne Schritte lassen sich vorher nicht festlegen. Alle Gesprächsstrategien, die ich Ihnen bisher präsentiert habe, können Ihnen in dieser Situation helfen. Darüber hinaus ist es besonders wichtig, dass beide

Seiten wirklich vollständig vorbringen können, was sie bedrückt oder ärgert und was sie am liebsten verändern möchten. Um das zu erreichen, finden Sie hier fünf Tipps, mit denen Sie sich eine Aussprache erleichtern können:

1 SORGEN SIE DAFÜR, DASS SIE AUSREDEN KÖNNEN.
Immer wenn die Emotionen hochschlagen, besteht die Gefahr, dass das gegenseitige Zuhören auf der Strecke bleibt. Aber ohne sich gegenseitig zuzuhören, gibt es keine Verständigung. Und ohne Verständigung auch keine Lösung. Deshalb ist es wichtig, dass Sie auch in hitzigen Debatten ausreden können. Falls Sie unterbrochen werden, bitten Sie darum, dass der andere Sie erst Ihren Gedanken zu Ende ausführen lässt. Notfalls wiederholen Sie diese Bitte immer wieder.

2 HÖREN SIE VERSTÄNDNISVOLL ZU.
Hinter den Worten, die Ihr Gegenüber sagt, stecken seine (oder ihre) Bedürfnisse und Interessen. Selbst wenn die Worte im ärgerlichen Tonfall gesagt werden, hören Sie genau zu. Unterbrechen Sie Ihren Gesprächspartner nicht. Auch dann nicht, wenn er oder sie Ihrer Meinung nach etwas Falsches sagt. Versuchen Sie mit viel Geduld herauszufinden, welche Bedürfnisse und Interessen Ihr Gegenüber hat. Was befürchtet Ihr Gegenüber und was wünscht es sich? Wenn Ihnen das nicht klar ist, dann fragen Sie danach.

3 BLEIBEN SIE HARTNÄCKIG BEIM THEMA.
Lassen Sie nicht zu, dass Sie oder Ihr Gesprächspartner abschweifen und immer mehr alte Ärgernisse zur Sprache bringen. Das passiert sehr leicht, wenn viele negative Emotionen im Spiel sind. Alles, was einen je frustriert hat, wird dann auch noch mit angesprochen. Das kann eine wahre Kettenreaktion auslösen, bei der beide Seiten immer noch mehr Ärgernisse auspacken und mit in die Waagschale werfen. Aus der geplanten Aussprache wird dann eine Art Generalabrechnung, bei der am Ende niemand mehr weiß, worum es eigentlich wirklich ging, und alle sauer sind.

4 REAGIEREN SIE BEI UNSACHLICHKEITEN GELASSEN.
Menschen werden ärgerlich, wenn sie sich unverstanden fühlen und glauben, mit den eigenen Worten beim anderen nicht anzukommen. Oft zeigen sie diesen Ärger in Form von verletzenden, bissigen Bemerkungen. Um eine Lösung zu finden, ist es wichtig, dass beide Seiten darauf verzichten, sich gegenseitig wehzutun. Man kann nur dann etwas gemeinsam klären, wenn es keinen Schlagabtausch gibt. Falls die Stimmung feindselig wird, ist es besser, das Gespräch zu unterbrechen, statt aggressiv zurückzuschlagen.

5 REDEN SIE ÜBER IHRE WÜNSCHE UND INTERESSEN, STATT DEN ANDEREN ANZUGREIFEN.
Wer sich streitet, will seine Interessen durchsetzen und möchte, dass die eigenen Bedürfnisse erfüllt werden. Aber über diese Interessen und Bedürfnisse wird meistens nicht direkt geredet. Stattdessen hagelt es

SO GEHT'S

Drei Tipps für eine gelungene Aussprache

1. Nehmen Sie sich vorher Zeit zum Nachdenken und stellen Sie fest, was Ihnen wirklich wichtig ist. Wenn es losgeht, halten Sie keine langen Grundsatzreden, sondern kommen Sie auf den Punkt. Machen Sie am besten kurze, verständliche Aussagen.
2. Lassen Sie am Anfang der Aussprache das, was der andere sagt, einfach so stehen – ohne gleich dagegen zu argumentieren. Es ist die Meinung Ihres Gegenübers, und die wollen Sie zunächst ganz und gar verstehen.
3. Grenzen Sie das Problem klar ein. Machen Sie deutlich: Das ist unser Thema und darüber reden wir jetzt. Und falls noch andere Probleme zutage treten, dann verschieben Sie sie auf einen späteren Gesprächstermin.

Vorwürfe und Schuldzuweisungen. Ein Streit lässt sich entschärfen, wenn beide Seiten offen darüber reden, was sie brauchen, sich wünschen und was sie nicht wollen. Denn sobald die wahren Gründe für einen Streit ans Licht kommen, können Sie viel leichter zu einer Lösung gelangen – einer Lösung, die für alle Seiten zufriedenstellend ist. Seien Sie deshalb ehrlich zu sich selbst, auch bei der Vorbereitung des Gesprächs, und nehmen Sie sich dafür Zeit. Was wollen Sie wirklich? Wovor fürchten Sie sich? Welche Bedürfnisse haben Sie? Finden Sie dafür einfache und klare Worte. Worte, die Ihr Gegenüber verstehen kann und die nicht verletzend sind.

Die faire Regelung für beide Seiten

Denken Sie immer daran: Bei einer einer Aussprache geht es nicht darum, die Schuld zu verteilen oder festzustellen, wer jetzt der Böse ist. Sondern es geht darum, Regelungen und Vereinbarungen für die Zukunft zu finden: Wie können beide Seiten künftig zusammenleben oder miteinander arbeiten oder befreundet sein?

Deshalb sollte am Schluss eines klärenden Gesprächs mindestens eine (oder mehrere) dieser Fragen angesprochen werden:

- Worüber sind wir uns einig?
- Was wollen wir verabreden?
- Und worüber konnten wir uns nicht einig werden?
- Gibt es einen Kompromiss, mit dem wir beide gut leben können?
- Worüber müssten wir später noch einmal reden?

Jede Meinungsverschiedenheit und jeder Streit kann eine Gelegenheit sein, sich gegenseitig besser kennenzulernen. Wenn ein Streit geklärt wurde, ist er für eine Beziehung – egal ob beruflich oder privat – durchaus eine Bereicherung. Man hat eben schon einiges gemeinsam durchgestanden, und das schweißt Menschen zusammen.

Die Aussprache mit mehreren Parteien

Bisher ging es vor allem um Meinungsverschiedenheiten, die Sie mit einer anderen Person haben. Aber im Alltag kommt es auch vor, dass mehrere Leute miteinander im Clinch liegen – beispielsweise bei einem Streit zwischen Eltern und Kindern oder einem Konflikt am Arbeitsplatz, an dem mehrere Kollegen beteiligt sind. Oder bei einem Streit im Verein oder im Mietshaus.

Sie können auch eine Aussprache mit mehreren Menschen durchführen. Bei so einem Gespräch in der Gruppe ist es wichtig, dass möglichst alle, die an dem Konflikt beteiligt sind, auch daran teilnehmen. Auch hier können Sie letztlich niemanden zwingen, aber Sie können Ihre Gesprächspartner einladen, damit alle die Möglichkeit haben, ihre Meinung zu sagen.

Ihre Mitstreiter müssen wissen, **WAS GENAU** bei dieser Aussprache geklärt und bereinigt werden soll. Zeigen Sie auch deutlich, dass Sie niemanden an den Pranger stellen wollen, sondern dass Sie den Streit beilegen möchten.

In vielen Gruppen reicht so eine positive Ankündigung, um vernünftig miteinander ins Gespräch zu kommen. Aber es gibt auch Situationen, in denen sehr viele Emotionen und unterschiedliche Interessen im Spiel sind. Und da kann es passieren, dass sich zwar alle zusammensetzen, die Sache aber sehr turbulent verläuft.

Das lässt sich teilweise verhindern, wenn sich die Gruppe vor der Aussprache auf ein paar einfache Gesprächsregeln einigt. Diese sollen dafür sorgen, dass jeder mit seinen Ansichten zu Wort kommt.

Damit sich auch alle Beteiligten an die Regeln erinnern beziehungsweise halten, ist es am besten, sie gut sichtbar im Raum aufzuhängen oder auf den Tisch zu legen. Doch wie lauten die Regeln für eine Aussprache zwischen mehreren Menschen? Ganz einfach:

- Wenn einer redet, hören die anderen wirklich zu. Keiner fällt dem anderen ins Wort.
- Es ist in Ordnung, eine andere Meinung zu haben. Niemand wird deswegen ausgelacht oder angegriffen.
- Es ist in Ordnung, wenn man seine Meinung leidenschaftlich vertritt. Aber niemand wird bedroht oder erpresst.
- Jeder kann sagen, was er sich wünscht oder was er befürchtet.
- Alle bleiben beim vereinbarten Thema. Andere Probleme werden ein anderes Mal besprochen.
- Jeder darf seine Meinung auch ändern.

Das sind nur wenige Regeln, die leicht zu verstehen und für alle eine Hilfe sind. Auch kleine Kinder kommen mit den Gesprächsregeln sehr gut zurecht. Vor allem, wenn sie bei den Erwachsenen, zum Beispiel den Eltern, erleben, dass sie sich daran halten. Deshalb können Sie diese Regeln auch gut bei Streitigkeiten oder Meinungsverschiedenheiten in der Familie einsetzen. Sie geben Ihren Kindern damit die Möglichkeit, schon früh zu lernen, sich bei einem Streit selbstsicher auszudrücken.

In größeren Gruppen braucht man oft jemanden, der darauf achtet, dass diese Regeln auch tatsächlich von allen Beteiligten eingehalten werden. Dieser »Wächter der Regeln« kann außerdem dafür sorgen, dass nicht alle gleichzeitig reden, sondern jeder der Reihe nach drankommt und seine Meinung äußern kann. Er sollte selbst aber auf keinen Fall stark in den Streit involviert sein. Wenn es um eine große Angelegenheit geht, ist es vielleicht sogar besser, wenn Sie jemanden aus einer ganz anderen Abteilung bitten, die Moderation der Diskussion zu übernehmen.

SO GEHT'S

Feste Zeiten

- Bei einer Aussprache mit mehreren Menschen ist es sinnvoll, vorher gemeinsam festzulegen, wie lange die Aussprache eigentlich dauern soll. Dadurch können Sie verhindern, dass Leute zwischendurch abspringen, weil sie noch andere Termine haben.

Mit Geduld und Zuversicht

Für eine Aussprache mit mehreren Menschen gilt genauso wie bei einem Streit zwischen zwei Leuten: Ein größerer Konflikt lässt sich oft nicht mit einem einzigen Gespräch aus der Welt schaffen. Schrauben Sie deshalb lieber die Erwartungen gerade am Anfang nicht allzu hoch. Wir reden mal kurz miteinander und dann wird alles gut – das ist eine unrealistische Erwartung. Besser ist diese Einstellung: Wir reden miteinander – das ist ein guter Anfang, auch wenn zunächst vielleicht keine Lösung in Sicht ist. Nicht sofort aufgeben, sondern am Ball bleiben und weitere Gespräche ansteuern – nur so können sich zerstrittene Menschen schrittweise wieder annähern und eine Verständigung aufbauen.

Kein Happy End?

Es gibt Meinungsverschiedenheiten, die sich nicht komplett auflösen und bereinigen lassen. Menschen haben unterschiedliche Bedürfnisse und Interessen, und nicht immer gibt es einen guten Kompromiss oder eine faire Regelung für beide Seiten. Manchmal besteht die Lösung darin, sich zu trennen oder die Sache vor Gericht auszutragen. Oder anders gesagt: Nicht jede Aussprache hat ein Happy End.

Dennoch lohnt es sich immer miteinander zu reden. Selbst wenn es zu keiner Einigung kommt, können Sie sich mit dem anderen genau DARÜBER verständigen – dass Sie sich eben nicht einigen können. Und dann lässt sich darüber reden, wie beide Seiten mit dieser Uneinigkeit weiter umgehen wollen. Manchmal brauchen zwei streitende Menschen Hilfe von einer dritten Person. Das kann ein Berater sein (zum Beispiel ein Eheberater). Oder ein Schlichter oder Vermittler, wenn es um Konflikte am Arbeitsplatz oder in der Nachbarschaft geht. Und manchmal geht es leider auch nicht ohne Hilfe der Justiz.

4

Der Mut zu einem selbstsicheren Leben lohnt sich!

Wenn Sie eine Weile mit den Anregungen in diesem Buch arbeiten, werden Sie sehen, wie Sie sich verändern. Sie nehmen sich das Recht heraus, deutlich auszudrücken, was Sie wollen und was Sie nicht wollen. Und Sie werden innerlich viel gelassener, da Sie anderen Menschen die gleichen Rechte zugestehen, die Sie (hoffentlich) auch für sich selbst beanspruchen.

Wenn Sie mich jetzt fragen, wohin das alles führt, dann antworte ich Ihnen Folgendes: Ich arbeite und lebe sehr gern mit selbstsicheren Menschen zusammen. Das Reden miteinander ist einfacher, weil ich weiß, dass diese Menschen klar Ja und Nein sagen können. Ich muss mich nicht verstecken mit meinen Wünschen und muss beim Neinsagen kein schlechtes Gewissen haben. Niemand redet um den heißen Brei herum, und es gibt keine Leute, die sich ungefragt aufopfern, um sich dann anschließend darüber zu beklagen, dass sie zu kurz gekommen sind. Einfacher ausgedrückt: Es gibt weniger Missverständnisse. Die Kommunikation funktioniert.

Unsere Selbstsicherheit sorgt auch dafür, dass wir unsere Wertschätzung und Zuneigung offen zeigen können. Ganz ohne damit hinterlistige Absichten zu verfolgen. Und weil sich selbstsichere Menschen nicht verbiegen, um anderen zu gefallen, sind sie fröhlicher und haben mehr zu lachen. Ehrlich gesagt, mir gefällt das.

Zum Schluss noch eine Frage, die mir häufig gestellt wird: Kann man eigentlich ZU selbstsicher sein? Ich antworte darauf immer mit einer Gegenfrage: Kann man ZU gesund sein? In diesem Sinne wünsche ich Ihnen jede Menge Selbstsicherheit und viel Spaß.

Website der Autorin

www.barbara-berckhan.de

Bücher, die weiterhelfen

Selbstsicherheit und Selbstbehauptung

Berckhan, Barbara: *Die etwas intelligentere Art, sich gegen dumme Sprüche zu wehren. Selbstverteidigung mit Worten,* Kösel Verlag, München

Berckhan, Barbara: *Sanfte Selbstbehauptung. Die 5 besten Strategien, sich souverän durchzusetzen,* Kösel Verlag, München

Berckhan, Barbara: *Die etwas gelassenere Art, sich durchzusetzen. Ein Selbstbehauptungstraining für Frauen,* Heyne, München

Bonneau, Elisabeth: *300 Fragen zum guten Benehmen,* GRÄFE UND UNZER VERLAG, München

Burns, David D.: *In zehn Tagen das Selbstwertgefühl stärken,* Junfermann Verlag, Paderborn

d'Ansembourg, Thomas: *Endlich ICH sein. Wie man mit anderen zusammenleben und gleichzeitig man selbst bleiben kann,* Herder Verlag, Freiburg

Engelbrecht, Sigrid: *Lass los, was dich klein macht,* GRÄFE UND UNZER VERLAG, München

Engelbrecht, Sigrid: *Lass dich nicht vereinnahmen,* GRÄFE UND UNZER VERLAG, München

Seiwert, Lothar/Gay, Friedbert: *Das neue 1x1 der Persönlichkeit,* GRÄFE UND UNZER VERLAG, München

Kommunikation und Gesprächsführung

Bonneau, Elisabeth: *Erfolgsfaktor Smalltalk. Mühelos Kontakte knüpfen,* GRÄFE UND UNZER VERLAG, München

Härter, Gitte/Öttl, Christine: *Das 1x1 der Schlagfertigkeit. So reagieren Sie jederzeit souverän,* GRÄFE UND UNZER VERLAG, München

Kumbier, Dagmar: *Sie sagt, er sagt. Kommunikationspsychologie für Partnerschaft, Familie und Beruf,* Rowohlt, Reinbek bei Hamburg

Schulz von Thun, Friedemann: *Klarkommen mit sich selbst und anderen: Kommunikation und soziale Kompetenz. Reden, Aufsätze, Dialoge.* Rowohlt, Reinbek bei Hamburg

Konflikt und Streit

Benien, Karl: *Schwierige Gespräche führen. Modelle für Beratungs-, Kritik- und Konfliktgespräche im Berufsalltag,* Rowohlt, Reinbek bei Hamburg

Berckhan, Barbara: *So bin ich unverwundbar. Sechs Strategien, souverän mit Ärger und Kritik umzugehen,* Heyne, München

Tannen, Deborah: *Du kannst mich einfach nicht verstehen. Warum Männer und Frauen aneinander vorbeireden,* Goldmann, München

Tannen, Deborah: *Lass uns richtig streiten. Warum Frauen immer widersprechen und Männer nur sich selbst zuhören,* Goldmann, München

Register

Mehr Glück & Erfolg

ISBN 978-3-8338-0379-6
144 Seiten

ISBN 978-3-7742-6636-0
160 Seiten

ISBN 978-3-7742-6342-0
128 Seiten

ISBN 978-3-8338-1773-1
160 Seiten

ISBN 978-3-8338-0197-6
128 Seiten

ISBN 978-3-7742-6282-9
160 Seiten

Clevere Bücher für clevere Leser:

Einsteigen – aktuelle Themen auf den Punkt gebracht

Informieren – erfahrene Autoren geben Rat

Ausprobieren – viele praktische Übungen und Tipps

GU

Willkommen im Leben.

Impressum

Redaktion:
Esther Szolnoki
Lektorat:
Nina Weber, Essen
Illustrationen:
Sonja Heller
Umschlaggestaltung und Layout:
independent Medien-Design, Horst Moser, München
Coverillustration:
Wai/Die Illustratoren corinna hein
Herstellung:
Renate Hutt
Satz:
Uhl + Massopust, Aalen
Repro:
Longo AG, Bozen
Druck und Bindung:
Druckhaus Kaufmann, Lahr
Syndication:
www.jalag-syndication.de

Umwelthinweis
Dieses Buch wurde auf chlorfrei gebleichtem Papier gedruckt. Um Rohstoffe zu sparen, haben wir auf Folienverpackung verzichtet.

ISBN
978-3-8338-0787-9
4. Auflage 2011

Wichtiger Hinweis

Die Beiträge in diesem Buch sind sorgfältig recherchiert und entsprechen dem aktuellen Stand.
Abweichungen, beispielsweise durch seit Drucklegung geänderte Preise, Gebühren, Anlageentwicklungen, WWW-Adressen etc., sind nicht auszuschließen. Weder die Autorin noch der Verlag können für eventuelle Nachteile oder Schäden, die aus den im Buch gegebenen praktischen Hinweisen resultieren, eine Haftung übernehmen.

GRÄFE UND UNZER

Ein Unternehmen der
GANSKE VERLAGSGRUPPE